Gamificación y gestión de recursos digitales. SSCE18

Armonía Naranjo Pera

ic editorial

Gamificación y gestión de recursos digitales. SSCE18
© Armonía Naranjo Pera

1ª Edición

© IC Editorial, 2025

Editado por: IC Editorial
c/ Cueva de Viera, 2, Local 3
Centro Negocios CADI
29200 Antequera (Málaga)
Teléfono: 952 70 60 04
Fax: 952 84 55 03
Correo electrónico: iceditorial@iceditorial.com
Internet: www.iceditorial.com

ISBN: 978-84-1184-621-9
Depósito Legal: MA 277-2025

Impresión: PODiPrint
Impreso en Andalucía – España

Nota de la editorial: IC Editorial pertenece a Innovación y Cualificación S. L.

Especialidad formativa

Se entiende por especialidad formativa la agrupación de contenidos, competencias profesionales y especificaciones técnicas que responde a un conjunto de actividades de trabajo enmarcadas en una fase del proceso de producción y con funciones afines.

Las especialidades formativas de Uso General, Formación Complementaria, Formación Modular y las especialidades formativas dirigidas a la obtención de certificados de profesionalidad se incluyen en el Fichero de Especialidades del Servicio Público de Empleo Estatal para su gestión en todo el territorio nacional por cualquier Administración competente.

Las especialidades complementarias, pertenecen todas a la Familia profesional de Formación Complementaria (FCO) y tienen la consideración de formación transversal en áreas que se consideran prioritarias tanto en el marco de la Estrategia Europea para el Empleo y del Sistema Nacional de Empleo como en las directrices establecidas por la Unión Europea. Se consideran áreas prioritarias las relativas a tecnologías de la información y la comunicación, la prevención de riesgos laborales, la sensibilización en medio ambiente, la promoción de la igualdad, la orientación profesional y aquellas otras que se establezcan por la Administración competente.

Las especialidades de Certificado de profesionalidad tienen una duración especificada en su normativa reguladora.

En el resultado de la búsqueda, se muestran las unidades de competencia, todos los módulos formativos con su duración y las unidades formativas del certificado correspondiente, con su duración. Las horas del certificado, exclusivo de las especialidades de certificado de profesionalidad, con alta igual o superior a 2008, son las horas totales más las horas del módulo de Prácticas Profesionales no Laborales.

- ○ **Si la especialidad tiene unidades formativas,** las horas totales, presencial, distancia, teleformación serán igual a la suma de esas horas de las unidades formativas de los distintos módulos, sin que se repita ninguna Unidad formativa.

- ⮕ **Si la especialidad no tiene unidades formativas,** las horas totales, presencial, distancia, teleformación serán igual a las sumas de esas horas de los módulos formativos, eliminando las horas de los módulos repetidos.

https://sede.sepe.gob.es/especialidadesformativas/RXBuscadorEFRED/BusquedaEspecialidades.do

(Fuente: Servicio Público de Empleo Estatal)

Índice

OBJETIVOS GENERALES

Los objetivos generales del **SSCE18. Gamificación y gestión de recursos digitales,** son los siguientes:

- ⮞ Desarrollar el concepto de gamificación como recurso del aula para la actividad lúdica en el proceso de aprendizaje.
- ⮞ Conocer las características de los juegos en general, con el objetivo de incorporarlos a la práctica docente.
- ⮞ Comprender el valor del juego y la actividad lúdica en el proceso de aprendizaje.
- ⮞ Conocer los fundamentos del diseño de juegos: mecánicos, dinámicos, estéticos.
- ⮞ Gestionar recursos digitales para aplicarlos en el aula.
- ⮞ Aplicar estrategias para elaborar programas de gamificación en el aula.
- ⮞ Seleccionar estrategias para implantar programas de contenidos utilizando la gamificación.

Conocimiento y comprensión del concepto de gamificación y la importancia de su utilización como recurso en el aula

Contenido

Objetivos

El objetivo general de esta Unidad de Aprendizaje es:

→ Conocer las características de los juegos en general, con el objetivo de incorporarlos a la práctica docente.

Los objetivos específicos de esta Unidad de Aprendizaje son:

→ Conocer el concepto de gamificación aplicado al aula.

→ Identificar las características de los juegos, sus ventajas y sus desafíos.

→ Reconocer las ventajas de la gamificación.

→ Aprender dos conceptos clave en gamificación: *advergaming* y *game-based learning*.

→ Diferenciar los distintos tipos de juegos para aplicar en la práctica docente.

→ Gestionar recursos digitales para aplicarlos en el aula.

1. Introducción

El uso de las nuevas tecnologías se ha propagado hasta el aula, en la cual no pueden faltar recursos digitales acordes a la mentalidad de un nuevo alumnado que no concibe su vida cotidiana sin el uso de dispositivos digitales y la conexión a internet.

Con la democratización de internet, el uso de los videojuegos se ha expandido a personas de todas las edades, dejando de ser un producto de entretenimiento para niños, niñas y adolescentes: actualmente, los videojuegos ya no son un submundo dentro de los espacios de ocio, sino que se han convertido en potentes herramientas para la investigación, el desarrollo de la ciencia, la salud, la tecnología, el *marketing* y, en el ámbito que nos ocupa, la formación y la educación.

En el desarrollo de esta unidad nos centraremos en realizar una aproximación a la gamificación, conociendo las principales características de los juegos y las diversas aplicaciones que se le dan actualmente, más allá de los contextos lúdicos.

Por esta razón, nos detendremos en las características de los juegos y dos conceptos clave: el *advergaming* y *game-based learning*.

Veremos las características de los juegos y los distintos tipos que pueden ser aplicados en el aula, con la intención de que el personal docente pueda seleccionar los más adecuados a sus planes de enseñanza.

Para ello, nos centraremos en el caso de Leo, una docente que acaba de entrar a trabajar en un centro educativo que está introduciendo nuevas metodologías pedagógicas. El centro quiere destacar en innovación y no ser solo un centro TIC, por lo que se decanta por la gamificación como estrategia estrella, de modo que acompañaremos a Leo en el descubrimiento del fascinante mundo de los videojuegos.

2. Características de los juegos

 **HILO CONDUCTOR**

El uso de las nuevas tecnologías no siempre es sinónimo de vanguardia pedagógica. En el centro al que acaba de entrar a trabajar Leo, son conscientes de ello

Continúa en página siguiente >>

<< Viene de página anterior

y no quieren ser un centro TIC que dispone de dispositivos digitales pero que no hace nada innovador con ellos. Quieren ser un espacio educativo pionero en cuanto a metodologías educativas y avanzar en la formación de una ciudadanía digital, por lo que comienzan a apostar por la gamificación y el *game thinking*. Acompaña a Leo en su inmersión por los videojuegos y los mundos virtuales que nos ofrecen los escenarios 2.0, comenzando por definir claramente qué es la gamificación.

La pedagogía moderna se encuentra en un constante proceso de reciclaje, impulsada por la innovación y por el imparable uso de las nuevas tecnologías.

Es innegable que las nuevas generaciones se encuentran inmersas en el uso de las nuevas tecnologías y disfrutan de un gran acceso a actividades de ocio, entre las que destacan los juegos de todo tipo y, especialmente, los videojuegos, en sus diversas modalidades.

La **gamificación** consiste en **aplicar las mecánicas, dinámicas y los elementos más atractivos del juego a contextos no lúdicos para generar un impacto positivo, mejorar la atención y despertar el interés,** y trataremos de conocer las estrategias para conseguir estos beneficios del juego aplicados a la educación y la formación.

Zichermann y Cunningham (2011) definen la gamificación como "el proceso de pensamiento de juego y sus mecanismos para atraer a los usuarios/as y hacerles resolver problemas".

Kapp (2012), ubicando el concepto en el ámbito educativo, la define como "el uso de elementos del juego para involucrar a los estudiantes, motivarlos a la acción y promover el aprendizaje y la resolución de problemas".

Marczewski (2015), especialista en la materia, la conceptualiza como "el uso de ideas y elementos que nos enganchan a los juegos, en otras áreas del trabajo o de nuestra vida cotidiana".

Ripoll (2014), por su parte, amplía la definición al manifestar que "gamificar es hacer vivir experiencias de juego en un entorno no lúdico".

 **VÍDEO**

Puedes ver los beneficios de aplicar la gamificación al aula, accediendo desde aquí

https://redirectoronline.com/iu5k3

La gamificación en el aula presenta cada vez mayor relevancia, y ha transformado la forma en la que el alumnado es partícipe de su proceso de aprendizaje, tomando un rol activo e involucrándose con los objetivos de la enseñanza.

 **DEFINICIÓN**

Gamificación en el aula
Estrategia pedagógica que consiste en el uso de los elementos y las dinámicas de los juegos en un contexto de aprendizaje para motivar al alumnado, fomentar su compromiso y mejorar la retención del conocimiento.

La metodología pedagógica que introduce los elementos del juego aprovecha estos aspectos lúdicos para que el aprendizaje resulte interesante para el alumnado, haciendo el proceso de enseñanza más divertido, atractivo y efectivo.

La gamificación utiliza elementos del juego en contextos no lúdicos para motivar al alumnado: recompensas, logros, desafíos, rankings, metas, etc. Se utiliza para hacer del proceso de enseñanza una experiencia atractiva y participativa, que implique la interacción del alumnado e impulse su rol activo.

2.1. Características clave de la gamificación en el aula

La innovación pedagógica se encuentra en búsqueda constante de estrategias que se adapten a las nuevas formas de experimentar los procesos de aprendizaje, influenciadas por el uso de las nuevas tecnologías y el consumo de ocio a través de internet y las redes sociales.

Al transformar el aprendizaje en una experiencia lúdica y envolvente, la gamificación se convierte en un puente entre el aprendizaje y la diversión, por lo que resulta clave explorar detalladamente las características que definen los procesos gamificados en el aula.

El personal docente debe conocer que la **gamificación** en el aula queda definida por las siguientes **características clave:**

- ➲ **Retroalimentación continua.** El uso de juegos en el aula facilita una retroalimentación continua al alumnado, especialmente, la retroalimentación inmediata, que permite que cada estudiante, como jugador, pueda conocer de forma inmediata sus errores y mejorar sus habilidades, lo cual se relaciona con las teorías constructivistas del aprendizaje.
- ➲ **Objetivos claros y desafíos.** Para que la estrategia de la gamificación resulte efectiva, los juegos deben presentar objetivos claros y desafíos que el alumnado debe superar, estableciendo metas concretas y desafiantes, pero alcanzables, para aumentar la motivación y el rendimiento del alumnado.
- ➲ **Colaboración y competencia.** El juego promueve tanto la competencia, para ver quién alcanza los objetivos, como la colaboración para

conseguir dichos objetivos. Los juegos en equipo fomentan la colaboración entre el alumnado, la motivación y el compromiso, y la interacción social presenta un importante papel en la construcción de aprendizajes significativos.

- **Narrativa y contexto significativo.** Es imprescindible que los juegos se construyan sobre una historia, un argumento, una narrativa: un contexto que envuelve a jugadores en la fantasía del juego. Esta narrativa favorece el aprendizaje y hace que los conceptos resulten accesibles y significativos. El contexto, la narrativa y, en definitiva, la historia favorecen la conexión de ideas abstractas con situaciones del mundo real, y mejoran la retención de información.
- **Evaluación formativa.** La introducción de los juegos en el aula permite llevar a cabo una evaluación formativa, ya que el alumnado puede seguir la evolución de su progreso, detectar los puntos a mejorar y recibir una retroalimentación inmediata y continua. Este *feedback* constante sobre los avances invita a la autorreflexión y permiten la autoevaluación continua.
- **Inmersión y diversión.** Los desafíos y las recompensas ofrecen una experiencia formativa atractiva, que favorece la inmersión en el juego e invita a la diversión, haciendo que el proceso de aprendizaje sea emocionante y significativo.
- **Personalización y adaptación.** La implementación de los juegos en el aula requiere una personalización de los objetivos pedagógicos que se pretenden alcanzar y permite adaptar el juego a las necesidades individuales del alumnado, fomentando un aprendizaje significativo.
- **Progresión y dificultad.** Para que la gamificación resulte eficaz en el proceso de enseñanza-aprendizaje, es imprescindible que se trabaje sobre una curva de dificultad creciente, que suponga un reto constante para el alumnado y mantenga su interés durante todo el proceso.

2.2. Características de los juegos

Juegos y videojuegos presentan una serie de características clave que deben ser aprovechadas por el personal docente para conseguir sus objetivos de aprendizaje.

Es imprescindible conocer estas características para comprender cómo aplicar la gamificación en el aula y otros contextos de aprendizaje.

Algunas de las **características más importantes de los juegos y videojuegos** son las siguientes:

- **Interacción.** Los juegos y videojuegos deben ser interactivos, y el alumnado debe poder participar de una forma relativamente abierta, tomando decisiones, explorando entornos, resolviendo problemas, superando retos y alcanzando logros.

⮩ **Regla y estructura.** Los juegos deben presentar unas reglas claras que marquen los límites y den forma a la estructura de la narrativa. Estas reglas guían al alumnado sobre cómo jugar, qué acciones son las permitidas y cuáles las prohibidas, cómo se ganan o pierden los puntos, cómo se alcanzan los logros...

⮩ **Objetivos claros y específicos.** El fin del juego debe ser muy claro, pues los objetivos marcan el propósito del juego y un sentido del logro cuando son alcanzados.

⮩ **Retroalimentación inmediata.** Para que se alcance un aprendizaje significativo, es necesario que el juego ofrezca una retroalimentación inmediata que muestre al alumnado en qué ha fallado y cómo mejorar sus actuaciones.

⮩ **Desafío.** Para que el alumnado tenga la sensación de progreso, es imprescindible que los juegos muestren desafíos crecientes en dificultad.

⮩ **Tiempo limitado.** Para aumentar la emoción y la concentración, los juegos suelen tener un tiempo limitado para conseguir las metas o alcanzar los logros.

⮩ **Estética visual atractiva.** Los juegos cuentan con elementos gráficos, música, sonidos y estilos visuales atractivos.

⮩ **Competencia justa.** Las reglas del juego se aplican de la misma forma a todas las personas participantes.

⮩ **Elementos aleatorios.** Algunos juegos incluyen elementos relacionados con el azar, como ruletas, dados, etc., que son utilizados para aportar emoción.

⮩ **Logros desbloqueables.** Algunos juegos incorporan logros que son desbloqueados según se avanza, lo que invita a explorar todas las dimensiones del juego, los distintos escenarios, etc.

⮩ **Aspectos emocionales.** Los juegos incorporan una amplia gama de emociones: tensión, suspense, curiosidad, intriga, alegría, sorpresa, etc.

⮩ **Personalización de los personajes.** Uno de los recursos más atractivos en los videojuegos consiste en la personalización de los personajes, de forma que jugadores y jugadoras puedan elegir el aspecto de cada protagonista: el color del cabello, la ropa, las armas o herramientas, los poderes que les caracterizan, etc. Frecuentemente, en el juego se puede mejorar el aspecto o las características de los personajes, por ejemplo, que consigan una vida más larga al desbloquear un logro, nuevas armas y herramientas, mayores superpoderes, etc.

⮩ **Competencia global.** Existen videojuegos en línea que permiten a cada jugador interaccionar con gente de todo el mundo, participar en campeonatos, formar parte de *rankings* con personas de otros países, etc., lo cual fomenta los valores relacionados con el respeto a la diversidad, el conocimiento de idiomas, de otras culturas y estilos de vida.

⊃ **Experimentar: prueba y error.** Los juegos pueden permitir a sus jugadores experimentar con diferentes estrategias para conseguir los objetivos y aprender de sus errores.

SABÍAS QUE...

Berti the Brain, o Bertie el Cerebro en castellano, marcó un hito temprano en la historia de los videojuegos interactivos en computadoras. Fue concebido y ensamblado en Toronto por Josef Kates con motivo de la Exposición Nacional Canadiense en 1950. Esta imponente máquina de cuatro metros de altura brindó a los visitantes de la exposición la oportunidad de desafiarse en partidas de tres en raya, enfrentándose a una inteligencia artificial. Jugadores y jugadoras ingresaban sus movimientos a través de un teclado numérico luminoso, dispuesto como un tablero de nueve casillas, mientras el juego se materializaba en un panel superior de luces. La máquina presentaba, además, la ventaja de contar con un ajuste de nivel de dificultad adaptable. A pesar de su breve exposición en el pabellón de la empresa Rogers Majestic durante un par de semanas, al término del evento esta máquina pionera quedó en gran medida relegada al olvido, como una curiosidad de la época.

3. Ventajas de aplicar los juegos en contextos no lúdicos

☞ HILO CONDUCTOR

Los videojuegos han superado ya el campo del ocio y son utilizados para el avance social, el desarrollo tecnológico y como herramientas para el progreso sanitario. En este punto podrás mostrar a Leo las ventajas de aplicar el juego en contextos no lúdicos, más allá, incluso, del ámbito de la enseñanza.

La aplicación de juego en contextos educativos y, especialmente, la aplicación **a través de las nuevas tecnologías,** implica un conjunto de ventajas relacionadas con la ciudadanía global y las habilidades digitales.

La aplicación de los juegos y videojuegos en el aula implica una serie de ventajas para el alumnado y el personal docente, pero también para el centro educativo y la sociedad. Entre todas ellas destacamos las siguientes:

Ventajas para el alumnado

- Fomenta la motivación.
- Mejora la retención del conocimiento.
- Desarrolla las habilidades.
- Fomenta la autonomía.
- Favorece el desarrollo de las llamadas *soft skills* (habilidades blandas).
- Reduce el estrés.
- Aporta diversión.

Ventajas para el personal docente

- Mejora la motivación en la práctica docente.
- Permite personalizar el aprendizaje.
- Fomenta la creatividad y la innovación.
- Permite una evaluación continua.

Ventajas para el centro educativo

- Mejora la retención de los estudiantes.
- Permite diferenciarse de otros centros.
- Se identifica al centro con la innovación.
- Sitúa al centro a la vanguardia de las metodologías pedagógicas.
- Beneficia a la reputación.
- Promociona la formación y el desarrollo profesional relacionado con las nuevas tecnologías.

Ventajas para la sociedad

- Forma en habilidades digitales a la ciudadanía del futuro.
- Genera empleo en el ámbito de la innovación, los videojuegos, el diseño y oficios relacionados con las nuevas tecnologías.
- Desarrolla una ciudadanía informada.
- Prepara a la ciudadanía para la era digital.

 **PARA SABER MÁS**

Conoce una experiencia de *gamed-based learning* en la que se han empleado los videojuegos para desarrollar la convivencia escolar. Accede desde aquí para verlo:

https://redirectoronline.com/ssce180102

3.1. Beneficios del uso de juegos en el ámbito educativo

Los juegos no deben ser vistos solo como elementos de entretenimiento y distracción, sino que son un tipo de persuasión, una forma diferente de pensar.

El juego es inherente al ser humano, es la primera forma de aprender, pues los más pequeños aprenden jugando, experimentando, divirtiéndose.

En una sociedad caracterizada por la inmediatez, el uso de dispositivos y las nuevas tecnologías, nos encontramos con estudiantes que experimentan las clases tradicionales como espacios lentos y tediosos, en los que les cuesta mantener la atención y les desmotivan. Este es uno de los motivos por los que el personal docente se encuentra en continua evolución respecto a la innovación pedagógica, buscando recursos dinámicos, interactivos y atractivos; y en este espacio es donde el juego toma el protagonismo.

Las actividades gamificadas y los juegos presentan la cualidad de captar la atención de los y las estudiantes y les motiva a la participación activa.

Los usuarios que se enfrentan a un reto en el juego, y no son capaces de vencerlos, no sienten afectada su autoestima, sino que generalmente caen en la influencia del juego y se sienten con la motivación de intentarlo de nuevo, aplicando la creatividad y desarrollando diferentes estrategias para ello.

En el espacio de los juegos, los usuarios pueden disfrutar de experiencias divertidas, y como se les ofrece un espacio para fallar y repetir, además de una retroalimentación inmediata, disponen de un espacio en el que practicar, reconocer los errores cometidos y desplegar diferentes estrategias para llegar a las metas del juego.

3.2. Ejemplos del uso de los juegos en contextos no lúdicos

Los videojuegos son **motor de cambio** que va más allá del alumnado y el personal docente: la industria del videojuego ha impulsado cambios significativos en diversas disciplinas, relacionadas no solo con el ámbito tecnológico, sino también con campos fundamentales como el emprendimiento y la salud.

- ⮑ **Innovación tecnológica y desarrollo.** Los videojuegos han impulsado un alto desarrollo de diseño gráfico, *hardware* y *software* avanzado que, posteriormente, ha sido aplicado a otros campos del ámbito tecnológico y de la informática, la robótica y la inteligencia artificial. Asimismo, ese mismo desarrollo ha propiciado el emprendimiento tecnológico y las *startups.*

  - ↺ *CodeCombat* es una plataforma de aprendizaje de programación en línea que utiliza elementos de juego para enseñar a cada estudiante a codificar. Es una herramienta para aprender a programar en Python y JavaScript. Los jugadores y jugadoras deben escribir código para controlar a su personaje y superar desafíos. Es un juego de licencia libre, desarrollado por la Escuela de Secundaria Bobby Duke, California.

- ⮑ **Salud y bienestar.** Los videojuegos aplicados al campo de la salud son utilizados para la rehabilitación, la atención de enfermedades relacionadas con el deterioro cognitivo y la promoción del bienestar. Existen juegos para reducir el dolor crónico o para tratar el alzhéimer.

- *Foldit* es un juego de ordenador rompecabezas excepcional, pues consiste en predecir la estructura tridimensional de las proteínas y su plegamiento a través de aminoácidos. Lo que hace tan excepcional a este juego es que ha permitido desarrollar diversos avances en medicina. En el año 2011 un grupo de jugadores descifraron la estructura tridimensional de una proteína del VIH, que ha resultado ser fundamental en el desarrollo de fármacos antirretrovirales. Y desde entonces se han introducido en el juego proyectos como la estructura de otras proteínas, como, por ejemplo, las relacionadas con la COVID-19.
- *Eyewire* es un juego desarrollado por la Universidad de Princeton que consiste en mapear el cerebro. Jugadores y jugadoras tienen el reto de mapear la retina solucionando rompecabezas en 2D. Este juego fomenta el avance de la neurociencia y para jugar no se necesitan conocimientos científicos de ningún tipo.

- **Cosmología y astronomía.** Los videojuegos han permitido acercar a la sociedad al conocimiento del cosmos, lo que promueve una ciudadanía interesada en los límites del universo y la carrera espacial.

  - *Celestia* es un simulador de astronomía 3D en tiempo real, que permite explorar el universo y los objetos celestes. Además, también se puede utilizar como planetario, y permite mostrar objetos en distintas escalas.

- **Carrera espacial.** La industria espacial utiliza videojuegos para simular misiones espaciales y poder entrenar a sus astronautas antes de que comiencen las misiones.

  - *Orbiter* es un simulador de vuelo espacial muy popular, que permite manejar una nave espacial por el sistema solar en naves espaciales, algunas de ellas reales, como el transbordador espacial Atlantis.

 **RECUERDA**

Los videojuegos van más allá del ocio: han supuesto un motor de cambio para diversas disciplinas como la ciencia y la medicina, la carrera espacial y la simulación de situaciones de riesgo para profesionales de diversos campos.

3.3. Desafíos y consideraciones éticas sobre los juegos

Los juegos presentan un conjunto de ventajas, pero no se pueden ignorar los desafíos y las consideraciones éticas inherentes a jugar.

Vamos a ver a continuación algunas **consideraciones** que el personal docente debe tener en cuenta al emplear los juegos y las experiencias gamificadas en el aula.

- **Distracción excesiva.** Un exceso en el uso de los elementos del juego puede generar una distracción excesiva que aleje al alumnado de los objetivos de aprendizaje.
- **Riesgo de aislamiento.** Cuando se trata de juegos individuales, se corre el riesgo del aislamiento del resto del grupo de alumnos, sobre todo si son videojuegos.
- **Desigualdad en la participación.** El alumnado puede sentirse abrumado o excluido si no tiene experiencia en juegos, si no está familiarizado con el uso de las nuevas tecnologías o no dispone de las habilidades digitales necesarias para desenvolverse en el uso de videojuegos. Por otra parte, el alumnado que no presente habilidades sociales para trabajar en equipo (cuando hablamos de juegos colaborativos) puede encontrarse excluido, en lugar de ver el juego como una oportunidad para relacionarse con los demás.
- **Sobrecarga cognitiva.** Un diseño abarrotado de elementos puede producir en el alumnado una sobrecarga cognitiva al obligarles a prestar atención a una gran cantidad de elementos como puntos, misiones, competencias, *rankings,* logros, castigos, etc., a la vez que se centra en el contenido académico.
- **Potencial desmotivación a largo plazo.** El alumnado puede sentirse desmotivado en otro tipo de actividades pedagógicas, a largo plazo, ya que puede acostumbrarse a una excitación constante provocada por los retos y recompensas que puede suponer el juego.
- **Frustración.** Los juegos que resulten demasiado difíciles o competitivos pueden generar en el alumnado ansiedad y frustración, lo cual afectará sin duda a su motivación.
- **Énfasis en la recompensa.** Juegos que resulten demasiado competitivos pueden hacer perder de vista el objetivo real de la experiencia, que es educativo.
- **Riesgo de adicción al juego.** No se puede negar que los juegos, especialmente los videojuegos, pueden causar adicción por abstraer a las personas de la realidad, recibir recompensas, participar en juegos con luces, colores y diseños atractivos.
- **Gamificación como complemento.** La vida no es un juego, por lo que el personal docente debe asegurarse de que la gamificación es un complemento en su labor y no la sustituta de procesos de enseñanza-aprendizaje

de calidad. El alumnado debe comprender que, cuando desarrolle su trayectoria académica, se va a encontrar con retos ante los que deberá perseverar más allá de lo que se esfuerza en un juego.

➲ **Respeto a la protección de datos personales.** Cuando se trata de juegos cooperativos, es lógico que el alumnado participante conozca el progreso de los demás, por ejemplo, en los *rankings*. El personal docente debe ser cuidadoso en el uso que les da a los datos personales del alumnado, especialmente, en datos como el *e-mail,* el teléfono, la dirección, las características biopsicofísicas, el estado de salud, el estado familiar, etc.

➲ **Consideraciones éticas.** El personal docente debe ser cuidadoso en la posible manipulación del alumnado a través del juego para conseguir un cambio de opiniones, de conductas, etc., así como la introducción de los propios sesgos al diseñar los juegos o los elementos lúdicos que introduce en el proceso de enseñanza, por ejemplo, cuando se trata de juegos que abordan cuestiones políticas, históricas, de análisis de la realidad social, de dilemas ético-filosóficos, etc.

 RECUERDA

El uso de juegos y videojuegos también implica una responsabilidad ética y no deben descuidarse los riesgos que conllevan.

4. Conceptos relacionados: *advergaming, game-based learning*

👉 **HILO CONDUCTOR**

Leo ya ha podido conocer en qué consiste la gamificación, así como los beneficios, las ventajas y, por supuesto, los desafíos que conlleva. Acompaña a Leo a profundizar en dos conceptos que se encuentran estrechamente ligados a la gamificación en el aula: el *advergaming,* que representa el lado comercial, y el *game-based-learning,* que se centra en el ámbito académico, de la formación y la capacitación, tomando los aspectos más convenientes de las técnicas de *marketing.*

El mundo de los videojuegos se encuentra en constante evolución y han dado un gran salto en las últimas dos décadas, en las que se han convertido en una forma de ocio que se extiende más allá del ordenador y la consola, dando vida a sagas, películas y, muy importante para el avance tecnológico, simuladores de la realidad, que han causado un gran impacto en el desarrollo de diversas disciplinas.

Desde los primeros juegos y consolas hasta la actualidad, ha habido un crecimiento exponencial en el mundo de los videojuegos, paralelo al desarrollo de las nuevas tecnologías e internet, que no para de crecer, siendo innegable el éxito que tienen los videojuegos, no solo entre las generaciones más jóvenes, sino también entre personas adultas de todas las edades.

En este contexto de multiplicidad de usos de los videojuegos, se encuentran el ***advergaming,*** los juegos aplicados al *marketing,* y el ***game-based learning,*** que se refiere a la transformación de la educación a través de los juegos.

 PARA SABER MÁS

La primera consola de videojuegos, la Maagnavox Odyssey, data de 1972.

Puedes leer un artículo donde descubrirás cuál fue el origen de las consolas de videojuegos, accediendo desde aquí:

https://redirectoronline.com/ssce180103

4.1. *Advergaming:* fusión de videojuegos y publicidad creativa

En el progreso de los videojuegos, el *marketing* ha encontrado la oportunidad de publicitar productos de forma creativa a través de la estrategia comercial conocida como *advergaming.*

DEFINICIÓN

Advergaming

Estrategia de publicidad que utiliza los videojuegos como medio para promocionar productos, servicios y marcas.

El *advergaming* aprovecha la creciente popularidad de los videojuegos como forma de entretenimiento y de compromiso con consumidores.

No consiste sencillamente en emplazar un anuncio dentro de un videojuego, sino que integra elementos publicitarios dentro del propio juego, haciendo que esta publicidad sea relevante y no intrusiva dentro de la experiencia de diversión.

Características clave del advergaming

El **objetivo del *advergaming*** se centra en hacer llegar un mensaje publicitario a través de la inmersión y la interacción en el juego, y no pretende directamente transmitir un anuncio, resultando una estrategia muy efectiva para llegar a las audiencias que escapan a la publicidad tradicional por no ser personas consumidoras habituales, por ejemplo, de radio, prensa y televisión, y donde reside su mayor atención y dedicación de tiempo es en el mundo virtual y de los videojuegos.

Veamos las **características clave** del *advergaming:*

- ⮑ **Integración creativa.** El *advergaming* es muy diferente a la publicidad tradicional, pues integra los elementos publicitarios de forma creativa en los juegos, por ejemplo, incluyendo logotipos, marcas, personajes, misiones, etc.
- ⮑ **Publicidad relevante.** El *advergaming* se propone involucrar a jugadores que tengan un rol activo, por lo que busca la interacción con la persona usuaria, por ejemplo, recolectando productos, encontrando soluciones a acertijos, resolviendo rompecabezas, conduciendo vehículos, dirigiendo a personajes, etc.
- ⮑ **Experiencia de juego continua.** En el *advergaming,* la estrategia comercial se esfuerza por no interrumpir la experiencia del juego, ni desviar la atención del jugador, pues esto puede desmotivar y provocar que se abandone el juego y que no se consiga, por tanto, el objetivo de captar la atención sobre el producto, servicio o marca.

Estrategia del *advergaming*

El *advergaming* se desarrolla desplegando una estrategia que fusiona **creatividad, diversión y *marketing*:** para ello, se sirve de la mecánica del juego, la narrativa y la integración de elementos publicitarios.

Veamos ahora las **fases** de una estrategia de *advergaming*:

1. **Identificación de los objetivos publicitarios.** La primera etapa del *advergaming* consiste en la clara identificación de los objetivos publicitario, a partir de los cuales se va a diseñar la estrategia de juego. Para ello, en esta etapa se determinan, claramente, qué productos, marcas o servicios se pretenden promocionar a través del juego y los resultados que se esperan.
   Claramente, el objetivo final del *advergaming* y de cualquier estrategia de *marketing* consiste en vender la marca, los productos o servicios, pero esto no se consigue directamente con el mensaje "Compre", sino a través de una buena imagen de marca, fomentando la confianza, consiguiendo el compromiso del usuario/a final, fidelizando a la clientela, etc. Algunos de estos **objetivos** del *advergaming* son los siguientes:

   ⊍ **Promocionar la imagen de marca:** dar a conocer la marca, el producto o el servicio como fase primera e imprescindible dentro de la estrategia de *marketing*.
   ⊍ **Familiarizar al usuario con la marca, el producto o servicio:** generándole confianza e interés, destacándola sobre la competencia, destacando las bondades que ofrece o el compromiso con causas sociales, como el reciclaje, el respeto al medioambiente, la producción sostenible, las actividades realizadas con organizaciones benéficas y las donaciones o contribuciones al progreso social.
   ⊍ **Generar *leads*:** en *marketing,* un *lead* es un usuario que entrega sus datos a la empresa y, por tanto, pasa a una base de datos con la que la compañía puede interactuar. Esto se consigue a través de las suscripciones a los juegos, la cesión de datos personales para participar en promociones, sorteos y concursos, etc. Actualmente los *leads* son muy importantes para las empresas, pues les permite fidelizar a la clientela y obtener datos sobre la opinión que tienen de la marca, producto o servicio, el uso que hacen y sus preferencias de compra.

2. **Diseño y desarrollo del juego.** Una vez que se han determinado los objetivos, el proceso continúa con el diseño y desarrollo del juego, tomando para ello la gestión creativa de la mecánica del juego y la narrativa a la vez que se tiene en cuenta la forma de integrar los elementos publicitarios.

3. **Integración creativa de los elementos publicitarios.** Se puede decir que esta es la fase más compleja del proceso, pues debe encontrarse

la forma de introducir los elementos publicitarios de forma que la publicidad sea efectiva, pero que no interrumpa la experiencia del juego. En esta etapa se incluyen los personajes patrocinados, se sitúan los productos de forma ingeniosa en la narrativa del juego, se crean las misiones temáticas, etc.

4. **Pruebas y ajustes.** No se puede lanzar el juego sin realizar pruebas exhaustivas del juego y el efecto que causa en jugadores/as para corregir cualquier problema potencial. Frecuentemente, en esta fase se lanza versiones beta o se hace llegar el juego a *gamers* profesionales para que lo testeen.

5. **Lanzamiento y promoción.** Por fin el juego está listo y testeado: llega la fase de lanzamiento y promoción a través de una variedad de canales, resultando fundamentales en esta etapa las tiendas de aplicaciones, los portales web de juegos y las redes sociales. Es muy habitual contar *influencers* en esta etapa.

6. **Evaluación y medición.** Como cualquier otro producto publicitario, el juego es evaluado y se mide su impacto, por lo que se diseñan indicadores tales como encuestas de satisfacción, número de descargas del juego, número de usuarios, clics en los espacios publicitarios y *banners,* visitas al portal de descarga, relevancia de los *hashtags* del juego, número de suscripciones, etc.

7. **Actualizaciones y mantenimiento.** Como en cualquier otro juego, es necesaria una revisión constante para actualizar aquellos aspectos que se quedan obsoletos o que dejan de despertar el interés de jugadores. Es muy habitual la creación de contenido adicional, añadir fases extras y expansiones de la narrativa.

Aplicación del *advergaming* en el aula

El *advergaming* presenta aspectos que pueden ser aprovechados para la gamificación en el aula, generando una experiencia de aprendizaje envolvente e interactiva, muy beneficiosa desde una perspectiva pedagógica.

Los siguientes aspectos del *advergaming* tienen relación directa con la gamificación en el aula:

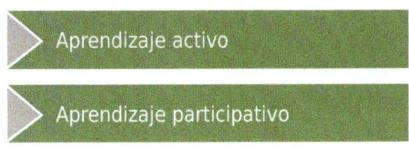

Aprendizaje activo

Aprendizaje participativo

Continúa en página siguiente >>

<< Viene de página anterior

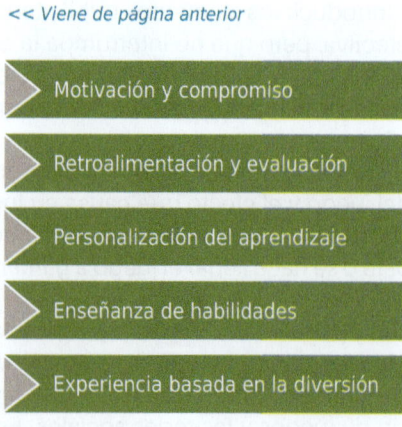

Motivación y compromiso

Retroalimentación y evaluación

Personalización del aprendizaje

Enseñanza de habilidades

Experiencia basada en la diversión

IMPORTANTE

La principal diferencia entre el *advergaming* comercial y la aplicación de las estrategias de *advergaming* en el aula radica en el tipo de publicidad. En lugar de publicitar una marca, empresa o producto, en el ámbito educativo se puede emplear la estrategia de *advergaming* para promocionar productos educativos.

- -

Algunos de los **productos educativos** que se pueden promocionar a través del *advergaming,* y que pueden ser de interés pedagógico para el personal docente, son los siguientes:

- ⮞ Bases de datos de interés académico
- ⮞ Buscadores de recursos abiertos
- ⮞ Buscadores de bibliografía
- ⮞ Bibliotecas virtuales
- ⮞ Cursos en línea
- ⮞ *Moocs*
- ⮞ *Webinars*
- ⮞ Videotutoriales
- ⮞ Vídeos educativos
- ⮞ Comunidades de estudiantes
- ⮞ Foros académicos
- ⮞ Programas, aplicaciones y *software* educativo
- ⮞ Simuladores
- ⮞ Noticias, artículos de interés, blogs
- ⮞ Libros en formato digital

4.2. *Game-based learning*

La pedagogía reciente incorpora los elementos de actualidad a sus estrategias de enseñanza. El ***game-based learning*** (GBL, por sus siglas en inglés), conocido como el **aprendizaje basado en juegos (ABJ),** es una estrategia que utiliza juegos y actividades lúdicas con propósitos pedagógicos, para favorecer la comprensión y la retención del contenido del aprendizaje.

El ABJ pretende integrar la diversión y la participación activa de los juegos en el proceso de aprendizaje. Desde esta estrategia, se diseñan juegos educativos con objetivos específicos como enseñar conceptos, conocimientos, desarrollar habilidades, etc., con el propósito de que el propio juego se convierta en una herramienta de enseñanza.

Generalmente se usan juegos que ya están creados, con sus propias mecánicas, pero que son adaptadas para que exista un equilibro entre el contenido de estudio, el juego y la habilidad del alumnado, convertido en jugadores y jugadoras, para integrar lo aprendido y aplicarlo en otros contextos que no son el juego.

 PARA SABER MÁS

Edutopia es la página web de la Fundación educacional George Lucas, y que ofrece ideas inspiradoras y estrategias de referencia para proyectos de aprendizaje basados en juegos. Accede desde aquí para verlo:

https://redirectoronline.com/ssce180104

El ABJ no exige que los juegos sean digitales o tecnológicos, sino que también pueden ser analógicos (usando tableros físicos, fichas, cartas, etc.), aunque es una estrategia perfecta para aprovechar los beneficios de los videojuegos.

Aunque gamificación y aprendizaje basado en juegos son similares, no son equivalentes.

Recordemos que el aprendizaje basado en juegos (ABJ) se refiere a la aplicación de juegos en la enseñanza; el uso de juegos, y su diseño, en ambientes educativos y con la finalidad de enseñar. ABJ también se refiere, según diversos autores y autoras, a la aplicación de ciertos principios de los juegos para aplicarlos a la vida real en procesos de enseñanza-aprendizaje.

Existen divergencias sobre los límites del ABJ, pues, según sus diversas definiciones, englobaría el diseño de una experiencia completa jugando, la gamificación y los juegos serios, aunque muchos especialistas lo asocian solo con los simuladores y los juegos serios.

 **EJEMPLO**

Minecraft: Education Edition es la versión educativa del videojuego *Minecraft*. Gracias a esta versión para educación, se pueden crear experiencias de aprendizaje basado en juegos y desarrollar las habilidades STEM, fomentar la creatividad y crear experiencias colaborativas y de resolución de problemas. Accede desde aquí para verlo:

https://redirectoronline.com/ssce180105

Funcionamiento del aprendizaje basado en juegos

El ABJ es implementado a través de una serie de **fases** que involucran la selección, el diseño y la evaluación de los juegos educativos.

- ⮊ **Fase 1. Selección del juego educativo adecuado:** el juego ha de estar alineado con los objetivos de aprendizaje, siendo relevante con el contenido que se va a enseñar.

- ➲ **Fase 2. Diseño del juego educativo:** una vez seleccionado el juego, el personal docente encargado del diseño instruccional trabaja sobre el diseño del juego educativo, identificando cómo el juego se va a relacionar con los objetivos de aprendizaje.
- ➲ **Fase 3. Integración en el plan de estudios:** el juego se integra en el plan de estudios de forma coherente, y el personal docente determina cómo y cuándo se utilizará el juego.
- ➲ **Fase 4. Implementación en el aula:** el alumnado juega al juego educativo y el personal docente proporciona orientación y apoyo, monitoreando el progreso del alumnado.
- ➲ **Fase 5. Evaluación del aprendizaje:** una vez que el alumnado ha completado el juego, se procede a realizar una evaluación del aprendizaje.
- ➲ **Fase 6. Adaptación y mejora:** el personal docente y los diseñadores instruccionales realizan los ajustes necesarios atendiendo a los resultados de la evaluación.

 PARA SABER MÁS

Si quieres conocer cómo aplicar el aprendizaje basado en juegos en el aula, accede desde aquí para descubrirlo:

https://redirectoronline.com/ssce180106

 APLICACIÓN PRÁCTICA

No todos los juegos son útiles en educación, ni se puede aplicar el uso de juegos sin ningún tipo de estrategia. En esta unidad has podido conocer las diversas categorías del *game thinking*.

Continúa en página siguiente >>

<< Viene de página anterior

Ordena los pasos por los que debe pasar una estrategia de *gamed-based learning* para que sea efectiva.

- **Adaptación y mejora.**
- **Integración en el plan de estudios.**
- **Diseño del juego educativo.**
- **Selección del juego educativo adecuado.**
- **Implementación en el aula.**
- **Evaluación del aprendizaje.**

Solución

El orden correcto es:

1. Selección del juego educativo adecuado.
2. Diseño del juego educativo.
3. Integración en el plan de estudios.
4. Implementación en el aula.
5. Evaluación del aprendizaje.
6. Adaptación y mejora.

El ABJ pretende integrar la diversión y la participación activa de los juegos en el proceso de aprendizaje. Desde esta estrategia, se diseñan juegos educativos con objetivos específicos como enseñar conceptos, conocimientos, desarrollar habilidades, etc., con el propósito de que el propio juego se convierta en una herramienta de enseñanza.

 ## ACTIVIDAD COMPLEMENTARIA

1. Para aplicar el pensamiento de juego en el aula, es necesario disponer de recursos lúdicos y desplegar grandes dosis de imaginación.

   Localiza una plataforma de juegos que te ofrezca la posibilidad de personalizar un juego tipo "Trivial" para jugar de forma virtual.

   A modo de ejemplo, puedes visitar el portal web Trivianet y explorar los recursos disponibles accediendo desde aquí:

Continúa en página siguiente >>

<< Viene de página anterior

https://redirectoronline.com/ssce180107

Desarrolla un Trivial pensando en tu grupo de alumnos y alumnas. Para ello, sigue los siguientes pasos:

Entra en la aplicación y configura un trivial, personalizando las preguntas y respuestas.

A continuación, reflexiona sobre estas cuestiones:

· ¿Resulta sencillo hacer el cuestionario?
· ¿Cómo puede participar el alumnado?
· Los elementos del juego ¿son estéticos y atractivos?
· ¿Es fácil de jugar?

---

5. Tipos de juego y su utilización para trabajar en el aula

 HILO CONDUCTOR

Resulta fundamental hacer una certera selección de los juegos que se utilizan en una estrategia que use juegos, o elementos del juego, aplicados a la enseñanza. El hecho de que se trate de un juego no quiere decir que sea adecuado para un propósito educativo concreto. Acompaña a Leo a descubrir los distintos tipos de juegos, con el objetivo de seleccionar los más convenientes a vuestras futuras acciones educativas.

En la aplicación de juegos, y de los elementos del juego, a la enseñanza, nos encontramos con un amplio abanico de posibilidades, que el personal docente, o el centro, adaptará a sus necesidades y estrategias.

El concepto de **pensamiento de juego** *(game thinking)* se refiere a la ciencia que permite introducir a usuarios en un sistema, a través de juegos, con la finalidad de crear experiencias positivas. Para ello, se pueden combinar los elementos del diseño de juegos *(desing thinking)* o técnicas de diseño de experiencia de usuarios.

El pensamiento de juego, por tanto, define las diversas variantes disponibles en la aplicación de juegos: desde los propios juegos, cuya única finalidad es la diversión, hasta experiencias con otros propósitos, como los educativos.

El **pensamiento de juego** se divide en cinco categorías:

- ➲ **Diseño de experiencia completa jugando** *(playful design)*. Se refiere al uso de la estética, o narrativa, típica de los juegos, aplicado en entornos que no son juegos. Por ejemplo, las aplicaciones, las páginas web...
- ➲ **Gamificación.** Estrategia que extrae los elementos de los juegos y los aplica en contextos no lúdicos. Recordemos que en una estrategia de gamificación no se trata de usar juegos en sí mismos: se toman principios o mecánicas de los juegos para enriquecer la experiencia de aprendizaje. Asimismo, la gamificación en el aula funciona como estrategia didáctica motivacional, que se aprovecha de los elementos del juego para generar un ambiente divertido para el proceso de enseñanza, favoreciendo un aprendizaje significativo apoyándose en experiencias positivas.
- ➲ **Juegos serios** *(serious games)*. Juegos completos, pero que tienen un propósito más allá del entretenimiento.
  Los juegos serios son creados con las nuevas tecnologías: son inmersivos, se basan en los videojuegos, los espacios interactivos digitales y el uso de internet. Se diseñan con fines educativos e informativos, que van más allá de la experiencia lúdica. Podríamos llamarlos juegos educativos. Los podemos categorizar en:

  - ʊ Juegos para aprender: su finalidad es educativa, enseñan contenidos pedagógicos.
  - ʊ Juegos con significado: su finalidad es concienciar y promover cambios sociales.
  - ʊ Juegos con propósito: su finalidad es generar cambios reales en el mundo.

- ➲ **Simuladores.** Representaciones de la vida real, físicas o digitales. Incluyen los mundos virtuales 3D o metaversos, laboratorios virtuales, etc., en los que el usuario puede habitar e interactuar, usando avatares o en tercera persona.

⮞ **Juegos.** Engloba el resto de opciones del pensamiento de juegos, caracterizado por su carácter lúdico.

 EJEMPLO

El juego educativo *Alba: a wildlife adventure* es uno de los mejores ejemplos de juegos sociales, que generan un cambio en la vida real. La narrativa del juego consiste en acompañar al personaje, Alba, una niña de siete años. Durante sus vacaciones en una isla mediterránea. Alba se dedica a cuidar el medio ambiente: recoge basura de la playa, repara casitas para los pájaros, ayuda a los delfines que se quedan atrapados por el plástico. Su objetivo es salvar a la isla de un empresario millonario que quiere construir un hotel en la reserva natural. Ustwo Games, la empresa creadora del juego, se comprometió con la Playing for the Planet Alliance a plantar un árbol en la isla de Madagascar por cada descarga o venta del juego, y ya llevan más de un millón de árboles. Para conocer más sobre este juego accede desde aquí:

https://redirectoronline.com/ssce180108

 APLICACIÓN PRÁCTICA

Como docente que pretende aplicar los aspectos lúdicos del juego en sus actividades, debes reconocer las distintas opciones de las que dispones dentro del *Game thinking*. Para ello, une cada concepto con su correspondiente definición.

Continúa en página siguiente >>

<< Viene de página anterior

Categoría

1. Diseño de experiencia completa jugando (playful design)

2. Gamificación

3. Juegos serios (serious games)

4. Simuladores

5. Juegos

Definición

a) Juegos completos, pero que tienen un propósito más allá del entretenimiento.

b) Representaciones de la vida real, físicas o digitales. Incluyen los mundos virtuales 3D o metaversos, laboratorios virtuales, etc.

c) Uso de la estética, o narrativa, típica de los juegos, aplicado en entornos que no son juegos.

d) Engloba el resto de opciones del pensamiento de juegos, caracterizado por su carácter lúdico.

e) Estrategia que extrae los elementos de los juegos y los aplica en contextos no lúdicos.

Solución

La unión correcta de concepto y definición es la siguiente:

Categoría	Definición
1. Diseño de experiencia completa jugando (playful design)	c) Uso de la estética, o narrativa, típica de los juegos, aplicado en entornos que no son juegos.
2. Gamificación	e) Estrategia que extrae los elementos de los juegos y los aplica en contextos no lúdicos.

Continúa en página siguiente >>

<< Viene de página anterior

Categoría	Definición
3. Juegos serios *(serious games)*	a) Juegos completos, pero que tienen un propósito más allá del entretenimiento.
4. Simuladores	b) Representaciones de la vida real, físicas o digitales. Incluyen los mundos virtuales 3D o metaversos, laboratorios virtuales, etc.
5. Juegos	d) Engloba el resto de opciones del pensamiento de juegos, caracterizado por su carácter lúdico.

El personal docente dispone de una amplia variedad de recursos para aplicar los aspectos lúdicos del juego a la enseñanza y alimentar tanto la motivación como el aprendizaje significativo.

En la siguiente tabla se muestra un resumen de la relación entre las categorías asociadas al pensamiento de juego y sus características:

		Estética de los juegos	Elementos de los juegos	Mundos virtuales	Modo juego	Entretenimiento	Propósito
Game thinking	Diseño de experiencia completa	✓				✓	
	Gamificación	✓	✓				✓
	Simuladores	✓	✓	✓			✓
	Juegos serios	✓	✓	✓	✓		
	Juegos	✓	✓	✓	✓	✓	

Pensamiento del juego Game thinking (Marczewski, 2015)

También se dan discrepancias sobre los límites entre juegos serios, simuladores y gamificación. Por ejemplo, los *escape room* educativos pueden clasificarse como experiencias gamificadas, al usar elementos del juego. Pero también podrían clasificarse como simuladores, pues pueden estar emulando una situación real.

 **EJEMPLO**

Frecuentemente, existe confusión entre gamificación y juegos serios. Para distinguirlos, podemos pensar un ejemplo: en clase tomamos el juego de Trivial, pero con preguntas propias relacionadas con una asignatura. En este caso se trata de un juego serio, pues mantiene el funcionamiento del juego. Sin embargo, si lo que tomamos es un elemento, los quesitos, que el alumnado consigue cuando supera pruebas, entonces estamos hablando de gamificación, pues son elementos del juego empleados para fomentar la motivación.

Games 4 Sustainability es una plataforma de juegos serios cuya misión es sensibilizar y enseñar sobre la sostenibilidad a través de más de cien juegos y simulaciones. Ofrece una *Gamepedia* en la que aprender las reglas de los juegos, cómo aplicarlos en el aula y dispone de materiales descargables para completar la experiencia. Si quieres obtener más información sobre esta plataforma accede a ella desde aquí:

https://redirectoronline.com/ssce180109

También se encuentra *Cristic, que* es un repositorio de más de 500 juegos educativos gratuitos, recopilados por Cristina Carbonell Valls, profesora y consultora pedagógica en educación y tecnología. Los juegos están ordenados por cursos (de Infantil a 6.º de Primaria) y por asignaturas. Si deseas consultar este repositorio, puedes hacerlo accediendo desde aquí:

Continúa en página siguiente >>

<< Viene de página anterior

https://redirectoronline.com/ssce180110

 ACTIVIDAD COMPLEMENTARIA

2. Ahora que has aprendido en qué consiste el *game-based learning,* ha llegado el momento de que conozcas experiencias docentes inspiradoras.

El portal web del Instituto Nacional de Tecnologías Educativas y de Formación del Profesorado (INTEF) ha lanzado el proyecto "Experiencias Educativas Inspiradoras". Como indica en su portal web, se trata de un banco de buenas prácticas: proyectos realizados por personal docente, o por centros, con un objetivo transformador yal que puedes acceder desde aquí:

https://redirectoronline.com/ssce180111

A continuación, dirígete al banco de proyectos y localiza alguno que se haya desarrollado sobre la metodología de aprendizaje basado en juegos (lo que en el curso venimos llamando *game-based learning).*

Una vez que hayas elegido un proyecto, reflexiona sobre las siguientes cuestiones:

· ¿A qué edad, grupo y etapa se dirigía el proyecto?
· ¿En qué consistió la metodología?

Continúa en página siguiente >>

<< Viene de página anterior

- · ¿Cómo han sido los juegos empleados?
- · ¿Se trata de un proyecto innovador? ¿En qué aspectos?
- · ¿Qué resultados se han conseguido?
- · ¿Podrían haberse conseguido los mismos resultados con otras metodologías?

Las experiencias educativas que aprovechan los beneficios de los juegos requieren de grandes dosis de creatividad. Para el personal docente resulta de gran utilidad conocer **juegos de licencia libre** que pueda emplear en sus clases sin que supongan costes para el alumnado o para el centro.

Los videojuegos de licencia abierta *(Open Source)*, como MLT o GNL, permiten al personal docente hacer uso de ellos sin tener que abonar ningún tipo de costes. Cuando se trata se *software* de código abierto, el personal docente, o el centro educativo, tienen la posibilidad de modificar los videojuegos libremente para adaptarlos a sus objetivos pedagógicos, siempre que no se les dé un uso comercial.

A continuación, vamos a ver los **tipos de juegos, su aplicación en el aula y ejemplos** de juegos de licencia abierta *(Open Source)*, para que sean ejemplo de inspiración para el personal docente en la práctica diaria.

⊃ **Juegos de puntos:**

    ◑ **Descripción:** el alumnado consigue puntos según va completando tareas, misiones, actividades, etc. Pueden competir por lograr la máxima puntuación y participar en *rankings*.

    ◑ **Aplicación en el aula:** el personal docente reparte puntos cuando se entregan las tareas, se participa en la clase, por respuestas correctas o tareas completas. También pueden hacerlo a través de videojuegos.

    ◑ **Ejemplo:** *Quizlet* es un juego para repasar en clase con contenido personalizado, a través de fichas, juegos, test, evaluación y otras actividades.

⊃ **Juego de desafío:**

    ◑ **Descripción:** el alumnado se enfrenta a desafíos que requieren la solución de problemas y toma de decisiones.

    ◑ **Aplicación en el aula:** el personal docente plantea desafíos relacionados con el currículo educativo y recompensa a quien los supera.

◊ **Ejemplo:** el juego *The Battle for Wesnoth* es un juego de estrategia, por turnos, con una narrativa de fantasía. Cuenta con combates para un jugador, modo multijugador, versión *online* y *offline*. El juego ofrece un desafío en términos de planificación estratégica, toma de decisiones y gestión de recursos. Los jugadores/as deben considerar factores como el terreno, la fortaleza defensiva, el tipo de unidades enemigas y las fortalezas y debilidades de sus propias tropas para lograr la victoria. El juego está bajo la licencia GNU *General Public License* (GPL) y cuenta con una comunidad activa de desarrolladores/as y colaboradores/as.

● **Juegos de rol:**

◊ **Descripción:** el alumnado asume roles y toma decisiones como los personajes de una narrativa.
◊ **Aplicación en el aula:** el personal docente crea un escenario de aprendizaje en el que el alumnado representa a personajes de fantasía, ilustres figuras históricas, se pone en el lugar de personas usuarias de servicios o resuelve problemas simulando estar desempeñando una aventura.

● **Juegos de simulación:**

◊ **Descripción:** el alumnado interactúa en un entorno simulado para aprender habilidades prácticas.
◊ **Aplicación en el aula:** se pueden simular situaciones reales, como crear una empresa virtual para enseñar gestión empresarial, simular circuitos electrónicos, diagnosticar a pacientes, diseñar robots, etc.
◊ **Ejemplo:** *Open Roberta Lab* es un entorno web muy completo para programar diversos tipos de dispositivos, incluyendo una variedad de tipos de robots, utilizando un lenguaje de programación visual propio basado en bloques, llamado NEPO.

● **Juegos de palabras o crucigramas, sudokus:**

◊ **Descripción:** el alumnado resuelve crucigramas, sopas de letras, sudokus y otros rompecabezas de palabras y números.
◊ **Aplicación en el aula:** favorece el trabajo en equipo y se puede aplicar en cualquier disciplina o asignatura para revisar definiciones y conceptos.
◊ **Ejemplo:** *Crossword Labs* es un portal web que permite diseñar crucigramas de manera automática, pudiendo descargar el crucigrama en un documento *Word* para imprimirlo, sin necesidad de dedicar tiempo a calcular el cruce de las palabras.

⊃ Juegos de colaboración:

- ◊ **Descripción:** el alumnado trabaja en equipo o en colaboración para alcanzar objetivos comunes.
- ◊ **Aplicación en el aula:** fomenta el trabajo en equipo, el compañerismo, la estrategia y desarrolla las *soft skills*.
- ◊ **Ejemplo:** *Open Ra* es una plataforma de juegos de estrategia, multijugador, en tiempo real, de licencia *Open Source*.

⊃ Juegos de carreras

- ◊ **Descripción:** el alumnado compite en carreras virtuales para alcanzar metas específicas.
- ◊ **Aplicación en el aula:** motivar al alumnado a completar tareas rápidamente; completar misiones entre carrera y carrera; resolver cuestionarios para avanzar en la carrera.
- ◊ **Ejemplo:** *SuperTuxKart* es un juego de carreras de karts, multijugador, de licencia GPL *(General Public License)*. Se puede ejecutar en sistemas Linux, macOS, Windows y Android.

⊃ Juegos de tablero

- ◊ **Descripción:** juegos basados en los tradicionales de mesa, de tablero, con reglas específicas y que necesitan la aplicación de estrategias.
- ◊ **Aplicación en el aula:** estos juegos pueden ser adaptados para enseñar cualquier asignatura, especialmente, conceptos matemáticos o relacionados con la lógica.
- ◊ **Ejemplo:** *Vassal* es un portal web en el que crear juegos de tablero, *wargames* y juegos de cartas. El alumnado puede jugar en tiempo real o por *email*. Se adapta a todo tipo de plataformas y es de acceso libre, desarrollado bajo licencia LPGL (Licencia Pública General Reducida de GNU). Dispones de varios juegos como *Waehammer* y *Star Wars Tactic;* juegos de mesa como *Space Hulk, Pandemic;* juegos de cartas como el *Bridge*.

⊃ Juegos de elección múltiple o *quiz*:

- ◊ **Descripción:** el alumnado responde a preguntas de opción múltiple.
- ◊ **Aplicación en el aula:** son juegos empleados para evaluaciones y repaso de contenidos.
- ◊ **Ejemplo:** *Formr* es un *software*, desarrollado bajo licencia *Open Source*, a través del cual se pueden hacer cuestionarios, test y encuestas en directo con comentarios. Se trata de una plataforma de encuestas y cuestionarios en línea, pero es muy útil para crear juegos de *quiz* educativos.

➲ **Juegos de aventura**

- ◑ **Descripción:** el alumnado explora mundos virtuales, guiando a los personajes y tomando decisiones sobre el recorrido y la aventura que van a vivir en espacios imaginarios.
- ◑ **Aplicación en el aula:** este tipo de juegos se puede utilizar para enseñar literatura, escritura creativa, historia, ciencias sociales, etc.
- ◑ **Ejemplo:** *Ren'Py* una de las plataformas de juegos de aventura por excelencia, que cuenta con los recursos de un motor de novela visual: argumentos ramificados, transiciones entre historias, la posibilidad de guardar el juego, etc. Está desarrollado bajo licencia libre MIT.

➲ **Juegos de estrategia**

- ◑ **Descripción:** son juegos narrativos que requieren de planificación y despliegue de estrategias para conseguir los objetivos, conquistar territorios, etc.
- ◑ **Aplicación en el aula:** son utilizados para desarrollar la lógica, la estrategia, las *soft skills,* el trabajo colaborativo y está recomendado, especialmente, para estudiar historia.
- ◑ **Ejemplo:** 0 A.D es un popular juego de estrategia, que se juega en tiempo real, que trata sobre guerras históricas: la primera parte del juego se centra en el periodo del año 500 a. C. hasta el año 1, y la segunda parte abarca desde el año 1 d. C. al 500 d. C. Funciona en todas las plataformas y es un *software* libre desarrollado bajo Licencia GPL *(General Public License).*

➲ **Juegos de memoria:**

- ◑ **Descripción:** el alumnado ejercita su memoria, con juegos de emparejamientos de imágenes, fichas, relacionando conceptos, etc.
- ◑ **Aplicación en el aula:** estos juegos potencian la retentiva y el uso de la memoria.
- ◑ **Ejemplo:** *Pairs One* es un juego *online* multijugador de memoria, consistente en emparejar imágenes. Se trata de un *software* libre desarrollado bajo Licencia MIT.

➲ **Juegos de artefactos virtuales**

- ◑ **Descripción:** se trata de juegos en los que el alumnado puede crear objetos virtuales, construcciones, escenarios de juego, etc. Los ejemplos más populares son *Minecraft* y *Sims.*
- ◑ **Aplicación en el aula:** este tipo de juegos fomentan la creatividad, la percepción espacial virtual y el desarrollo de las habilidades digitales.

Ejemplo: *Minetest* es un juego estilo *Minecraf,* un juego de mundo abierto, no lineal y multijugador. Ofrece varios juegos dentro de la plataforma, en los que se pueden construir escenarios y luchar contra otros jugadores/as.
Es un *software* libre desarrollado bajo licencia GNU y CC-BY-SA 3.0.

TAREA 1

Analiza los siguientes casos y elige qué recurso o recursos digitales emplearías en cada uno y por qué motivo.

a. Eres docente de Secundaria y vas a probar a introducir algunas actividades gamificadas en tus clases. Para comenzar, quieres introducir algunas fichas para repasar conceptos y realizar algunos test a través de una aplicación digital, de forma que reconozcas los avances del alumnado de alguna forma. En esta unidad hemos visto muchos ejemplos de recursos digitales.

b. Eres docente de Historia y quieres repasar con tu alumnado momentos épicos a través de algún juego educativo. Pero no te conformas solo con un juego de estrategia, sino que te gustaría que se pudieran desarrollar las *soft skill* y el trabajo colaborativo. Como se trata de tu primera experiencia, no quieres invertir recursos materiales, por lo que prefieres que sea un recurso digital y gratuito.

6. Resumen

Los juegos y videojuegos presentan unas características beneficiosas para la atracción del interés y la retención de la información que está siendo aprovechada desde las estrategias pedagógicas modernas.

La estrategia pedagógica de **gamificación** en el aula consiste en el uso de los elementos y las dinámicas de los juegos en un contexto de aprendizaje para motivar al alumnado, fomentar su compromiso y mejorar la retención del conocimiento,

Las características clave de la estrategia de gamificación en el aula son las siguientes:

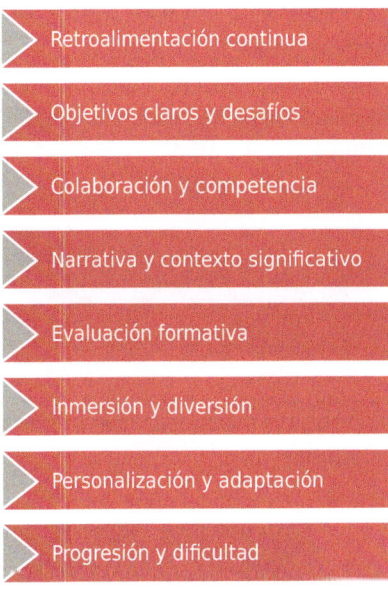

Cuando se trata de gamificación, y de *game-based learning,* es necesario tener en cuenta las características de los juegos:

Se han podido conocer las ventajas, los riesgos y los desafíos que suponen los juegos y videojuegos.

Además, se han podido conocer dos conceptos fundamentales relacionados con los juegos:

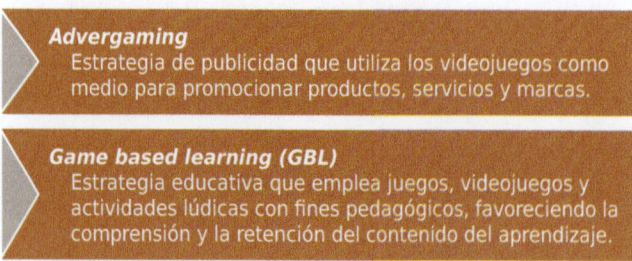

Advergaming
Estrategia de publicidad que utiliza los videojuegos como medio para promocionar productos, servicios y marcas.

Game based learning (GBL)
Estrategia educativa que emplea juegos, videojuegos y actividades lúdicas con fines pedagógicos, favoreciendo la comprensión y la retención del contenido del aprendizaje.

Asimismo, hemos podido reconocer que el **pensamiento de juego** se divide en cinco categorías:

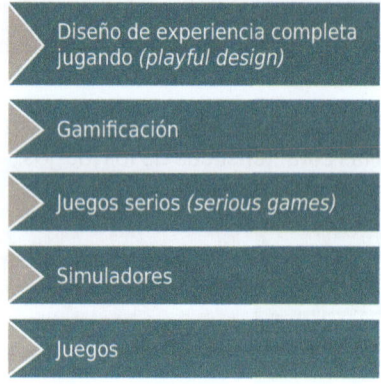

Diseño de experiencia completa jugando (playful design)

Gamificación

Juegos serios (serious games)

Simuladores

Juegos

Para terminar, se han podido conocer los distintos tipos de juegos y la aplicación que se les puede dar en el aula:

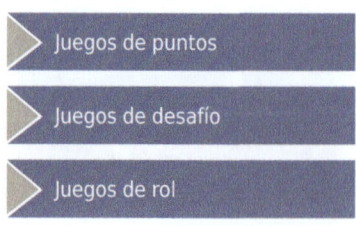

Juegos de puntos

Juegos de desafío

Juegos de rol

Continúa en página siguiente >>

<< Viene de página anterior

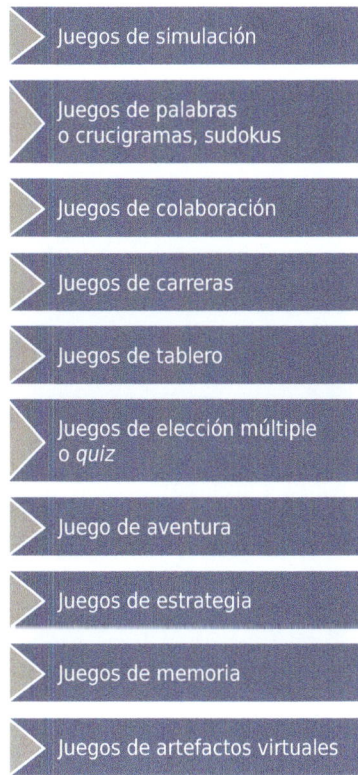

Juegos de simulación

Juegos de palabras o crucigramas, sudokus

Juegos de colaboración

Juegos de carreras

Juegos de tablero

Juegos de elección múltiple o *quiz*

Juego de aventura

Juegos de estrategia

Juegos de memoria

Juegos de artefactos virtuales

Ejercicios de autoevaluación
Unidad de Aprendizaje 1

1. Indica si la siguiente oración es verdadera o falsa: "La interacción es fundamental para la gamificación en el aula".

   ■ Verdadero
   ■ Falso

2. ¿Qué busca lograr la estrategia conocida como *advergaming*?

   a. Promover la publicidad tradicional.
   b. Integrar elementos publicitarios de forma intrusiva.
   c. Transmitir mensajes publicitarios mediante inmersión e interacción en el juego.
   d. Evitar la interacción publicitaria en el mundo virtual.

3. Indica si la siguiente oración es verdadera o falsa: "La gamificación y, especialmente, la gamificación a través de las nuevas tecnologías, implica un conjunto de ventajas relacionadas con la ciudadanía global y las habilidades digitales".

   ■ Verdadero
   ■ Falso

4. ¿Cuál es uno de los elementos clave de la gamificación en el aula?

   a. Desafíos
   b. Evaluación sumativa
   c. Rutina monótona
   d. Pasividad del alumnado

5. ¿Cuál es el propósito principal del *game-based learning* (aprendizaje basado en juegos)?

   a. Integrar la diversión y la participación activa de los juegos y videojuegos en el proceso de aprendizaje.
   b. Excluir el uso de videojuegos en estrategias pedagógicas.
   c. Reducir la innovación tecnológica en el ámbito educativo.
   d. Limitar la diversidad de métodos de enseñanza.

6. ¿Cuál es uno de los beneficios de la gamificación en el aula?

    a. Reducción de la participación activa.
    b. Aumento de la pasividad del alumnado.
    c. Transformación de la forma en que el alumnado se involucra en el proceso de aprendizaje.
    d. Desinterés por los objetivos de la enseñanza.

7. ¿Qué busca lograr la gamificación en el aula mediante el uso de elementos del juego?

    a. Despertar el desinterés del alumnado.
    b. Generar un impacto negativo en el aprendizaje.
    c. Mejorar la atención y despertar el interés.
    d. Limitar la participación activa del alumnado.

8. ¿Cuál es una de las estrategias clave de la gamificación en el aula?

    a. Mantener una estructura monótona en la enseñanza.
    b. Progresión en la dificultad.
    c. Limitar la retroalimentación continua.
    d. Evitar la colaboración y competencia entre estudiantes.

9. ¿Cuál es uno de los riesgos del juego que el personal docente debe tener en cuenta en sus procesos de gamificación?

    a. Distracción excesiva
    b. Aprendizaje significativo
    c. Diversión en la experiencia
    d. Colaboración y cooperación

10. Indica si la siguiente oración es verdadera o falsa: "El personal docente puede aprovechar la estrategia del *advergaming* para hacerle llegar al alumnado productos educativos como libros, videotutoriales y bancos de recursos abiertos".

    ■ Verdadero
    ■ Falso

Comprensión del valor del juego y la actividad lúdica en el proceso de aprendizaje

Contenido

Objetivos

El objetivo general de esta Unidad de Aprendizaje es:

→ Comprender el valor del juego y la actividad lúdica en el proceso de aprendizaje.

Los objetivos específicos de esta Unidad de Aprendizaje son:

→ Relacionar las teorías psicológicas del aprendizaje, el juego y la actividad lúdica en el proceso de aprendizaje.

→ Identificar las principales teorías motivacionales de la conducta y su relación con el juego y la actividad lúdica en el proceso de aprendizaje.

→ Identificar los tipos de usuarios de juegos según su estructura de motivación.

1. Introducción

La gamificación en el aula con fines pedagógicos guarda una relación directa con las principales teorías psicológicas del aprendizaje.

El juego aplicado al aula alberga en su centro un foco de motivación, que invita al alumnado a aprender mientras se divierte, por lo que el conocimiento de las principales teorías motivacionales de la conducta resulta esencial.

Distinguir las distintas motivaciones que alberga el alumnado cuando juega resulta primordial, con el objetivo de diseñar experiencias gamificadas efectivas, que mantengan la atención de cada estudiante.

Por ello, nos centraremos en el caso de Leo, docente que quiere implantar experiencias gamificadas en sus clases, como parte del proceso innovador en el que se encuentra su centro educativo.

2. Teorías psicológicas del aprendizaje

☞ HILO CONDUCTOR

Leo sigue investigando con el objetivo de formarse para ofrecer experiencias gamificadas en sus clases. Cada vez comprende mejor la gamificación, ha podido encontrar proyectos de otros centros educativos y ha investigado plataformas que le ofrecen la posibilidad de construir juegos. Aun así, le cuesta un gran esfuerzo conectar sus objetivos de enseñanza con los juegos.

Acompaña a Leo en esta revisión de las principales teorías psicológicas del aprendizaje y su conexión con la gamificación, y ayúdala a conectar la dimensión pedagógica con la lúdica para ofrecer experiencias gamificadas efectivas.

La gamificación aplicada al aula, como estrategia pedagógica, pretende incorporar los elementos del juego en entornos no lúdicos con el objetivo de favorecer el aprendizaje, fomentar la participación y favorecer la motivación con fines pedagógicos.

Para comprender plenamente la estrategia, en este punto exploraremos la convergencia entre las teorías psicológicas del aprendizaje y la gamificación aplicada a la enseñanza.

2.1. Teorías conductistas del aprendizaje

Las teorías conductistas fueron desarrolladas a principios del siglo XX y se fundamentan en la idea de que el aprendizaje consiste en un cambio de comportamiento, que se produce por la adquisición, el refuerzo y la aplicación de asociaciones entre los estímulos y la respuesta de las personas.

El principal fundamento de las teorías conductistas aplicadas al aprendizaje es el condicionamiento, dividido en dos formas, principalmente: el condicionamiento clásico y el condicionamiento operante.

A continuación describiremos los fundamentos principales de cada una de estas teorías y su relación con la gamificación aplicada a la enseñanza.

⊃ **Condicionamiento clásico:**

   ◊ **Fundamentos.** Esta teoría se fundamenta en la idea de que los comportamientos son aprendidos mediante estímulos. Uno de sus principales autores I. P Pavlov.
   El modelo de condicionamiento clásico también se denomina "modelo estímulo-respuesta al aprendizaje por asociaciones".
   P. Pavlov propone que la asociación de estímulos positivos favorece el aprendizaje.
   ◊ **Aplicación en gamificación.** La asociación de estímulos es utilizada en los juegos para vincular experiencias positivas al logro de objetivos.
   Se puede asociar la resolución de acertijos, problemas etc., a la obtención de recompensas, como puntos, insignias, premios, etc.
   El establecimiento de objetivos claros y recompensas motiva al alumnado a alcanzar logros específicos.

⊃ **Condicionamiento operante:**

   ◊ **Fundamentos.** B. F. Skinner propone en esta teoría que los comportamientos son fortalecidos o desalentados mediante recompensas o castigos. Un refuerzo positivo aumenta las probabilidades de que el comportamiento se repita.
   Un refuerzo negativo (castigo) disminuye las probabilidades de que el comportamiento se repita.

◊ **Aplicación en gamificación.** Los juegos pueden emplear reconocimientos y premios como refuerzo de las conductas para motivar al alumnado, como las insignias o los puntos.

Las recompensas y los reconocimientos refuerzan positivamente el progreso y los conocimientos adquiridos.

➲ **Teoría del reforzamiento:**

◊ **Fundamentos.** C. L. Hull desarrolló esta teoría, en la que propone que el aprendizaje es más efectivo cuando se refuerza un comportamiento de forma consistente, es decir, que la frecuencia y la magnitud del refuerzo influyen determinantemente en la consistencia del aprendizaje.

◊ **Aplicación en gamificación.** En el diseño de experiencias gamificadas, la inclusión de un refuerzo constante, como es el *feedback* inmediato, fortalece la asociación entre el comportamiento deseado y la recompensa, es decir, fortalece el aprendizaje.

Cuando el alumnado entiende rápidamente sus aciertos y sus errores, puede ajustar el enfoque de su aprendizaje.

2.2. Teorías cognitivas del aprendizaje

Las teorías cognitivas del aprendizaje se centran en entender la forma en que la mente procesa la información y cómo este procesamiento afecta el aprendizaje.

Estas teorías presentan su foco en el funcionamiento de la mente y la forma en la que se adquiere el conocimiento (lo cognitivo), mientras que las teorías conductistas se centran principalmente en la observación de comportamientos externos, sin considerar los procesos internos de la mente (lo conductual).

Vamos a revisar las principales teorías cognitivas y su relación con la gamificación en la enseñanza.

➲ **Teoría del aprendizaje significativo:**

◊ **Fundamentos.** D. Ausubel propuso que el aprendizaje es más efectivo (significativo) cuando los conocimientos nuevos se relacionan con los conocimientos adquiridos anteriormente, afianzando, a su vez, los conocimientos previos.

- **Aplicación en gamificación.** Cuando los juegos conectan con los contenidos del diseño curricular, estos pueden fomentar el aprendizaje significativo.

  Asimismo, cuando la experiencia gamificada aporta conocimientos de forma progresiva, de modo que los nuevos conocimientos se generan sobre los anteriores, se fomenta también el aprendizaje significativo.

- **Teoría del desarrollo cognitivo:**

  - **Fundamentos.** J. Piaget propuso la teoría de que el aprendizaje es un proceso activo en el cual las personas construyen su aprendizaje a través de la interacción con el entorno.

    No se clasifica específicamente como una teoría cognitiva del aprendizaje, sino más bien como una teoría del desarrollo cognitivo. Sin embargo, su enfoque sobre cómo las personas construyen su comprensión del mundo y adquieren habilidades cognitivas está estrechamente relacionado con las teorías cognitivas del aprendizaje.
  - **Aplicación en gamificación.** El juego en el aula debe partir de los principios de Piaget y tener en cuenta el nivel de desarrollo cognitivo del alumnado a la hora de diseñar los desafíos y las actividades gamificadas.

- **Teoría del aprendizaje social:**

  - **Fundamentos.** Bandura desarrolló esta teoría, que se basa en la idea de que el aprendizaje ocurre a través de la observación y la imitación. El alumnado aprende nuevos comportamientos cuando los observa en otras personas y experimenta las consecuencias de dichos comportamientos.

    Esta teoría se considera un puente entre el conductismo y el cognitivismo, ya que incorpora elementos de ambos enfoques. Aunque destaca por reconocer la influencia del entorno en el aprendizaje, también pone énfasis en los procesos mentales y cognitivos del individuo en la adquisición de nuevas conductas.
  - **Aplicación en gamificación.** Lo juegos presentan la posibilidad de ofrecer modelos de comportamiento positivo, de forma que invita al alumnado a imitarlos. Del mismo modo, puede incluir elementos sociales, como la colaboración en equipo, la cooperación o alcanzar metas en grupo.

    Las experiencias gamificadas pueden presentar situaciones personales o situaciones que sirvan como modelos positivos, inspirando al alumnado a imitar comportamientos.

Asimismo, los juegos pueden incluir aspectos sociales, como la competencia sana y amistosa, la colaboración en equipo o el aprendizaje entre pares.

● **Teoría del constructivismo:**

  ◗ **Fundamentos.** J. Piaget propuso que el aprendizaje es un proceso activo y continuo, y que cada estudiante asimila nueva información incorporándola a sus estructuras cognitivas existentes (por asimilación) y acomodando esas estructuras para adaptarse a la nueva información (acomodación). Por tanto, se puede decir que el nuevo conocimiento se construye sobre el conocimiento anterior.
  ◗ **Aplicación en gamificación.** Ofrecer nueva información relacionada con la información ya asimilada favorece el aprendizaje significativo, por lo que en los juegos debe presentarse la información para construir nuevos conocimientos sobre la información ya tratada, en un proceso de construcción.

● **Teoría del constructivismo social y el aprendizaje mediado por la tecnología (construccionismo):**

  ◗ **Fundamentos.** S. Papert desarrolló esta teoría, basándose en el aprendizaje a través de la construcción de artefactos y la interacción social, profundizando, además, en el papel de la tecnología en la mejora del aprendizaje.
  La teoría del constructivismo social y el aprendizaje mediado por la tecnología son enfoques educativos que comparten raíces constructivistas y cognitivas.
  ◗ **Aplicación en gamificación.** Cuando la gamificación hace uso de las nuevas tecnologías, o los videojuegos, puede favorecer el aprendizaje a través de la participación en entornos virtuales o la creación de contenidos formativos.

● **Teoría del desarrollo sociocultural:**

  ◗ **Fundamentos.** L. Vigotsky impulsó esta teoría, fundamentada en la idea de que los factores sociales y culturales causan influencia en el desarrollo cognitivo. Según su teoría, la influencia de la interacción social, la zona de desarrollo próximo y el lenguaje influyen en la construcción del conocimiento.
  ◗ **Aplicación en gamificación.** Los juegos en el aula ofrecen la oportunidad de promover la interacción social y el aprendizaje colaborativo, a través de la competencia amistosa y la colaboración en equipo.

⮕ **Teoría del aprendizaje por descubrimiento:**

◑ **Fundamentos.** J. Bruner desarrolló esta teoría, enfocándose en el aprendizaje activo y la resolución de problemas: el hecho de que los estudiantes descubran los conceptos por sí mismos produce un aprendizaje significativo.

◑ **Aplicación en gamificación.** Los juegos en el aula pueden favorecer el aprendizaje por descubrimiento presentando al alumnado desafíos y problemas que requieran soluciones creativas o entornos simulados para que el alumnado explore y aprenda por sí mismo.

⮕ **Teoría del aprendizaje experiencial:**

◑ **Fundamentos.** J. Dewey propuso un enfoque educativo basado en la experiencia y la participación activa de los estudiantes, mediante la conexión de los conocimientos con las situaciones de la vida real. Aunque no se clasifica típicamente como una teoría cognitiva, tiene implicaciones cognitivas significativas en términos de cómo los individuos procesan y comprenden la información adquirida a través de la experiencia.

◑ **Aplicación en gamificación.** Cuando los juegos conectan los contenidos gamificados con la experiencia en la vida real, están favoreciendo el aprendizaje experiencial. Igualmente, es posible desarrollar este aprendizaje a través de entornos simulados que reflejen fielmente situaciones reales.

⮕ **Teoría de las inteligencias múltiples:**

◑ **Fundamentos.** H. Gardner propuso que la inteligencia se construye en múltiples dimensiones (inteligencias múltiples), por lo que los y las estudiantes presentan diferentes estilos de aprendizaje.
Aunque no es una teoría cognitiva en el sentido clásico, está estrechamente relacionada con la forma en que entendemos la cognición y la diversidad de habilidades intelectuales.

◑ **Aplicación en gamificación.** Los juegos y, especialmente, los videojuegos o las actividades gamificadas que emplean elementos multimedia fomentan el desarrollo de las inteligencias múltiples, ya que permiten abordar distintas disciplinas y diferentes estrategias para alcanzar las metas del juego, los logros, etc.

3. Teorías motivacionales de la conducta

☞ HILO CONDUCTOR

El progreso de Leo es notable: ha podido reflexionar sobre la conexión de las principales teorías psicológicas del aprendizaje y su conexión con la gamificación. Pero ¿cómo conseguir que el alumnado se entusiasme? En una sociedad de la información y la comunicación, no parece fácil mantener al alumnado motivado. Acompaña a Leo en una revisión sobre las principales teorías de la motivación, y ayúdala a conectar sus objetivos pedagógicos con el entusiasmo y el flujo que promueve la gamificación.

- -

Las teorías motivacionales de la conducta son marcos conceptuales que buscan explicar los motivos que impulsan a las personas a comportarse de cierta forma, **qué les motiva.** Estas teorías pretenden encontrar explicaciones sobre los factores que influyen en la motivación humana y cómo estos factores afectan al comportamiento.

La motivación se encuentra en el foco central de la gamificación, pues se trata de una estrategia motivadora que pretende desarrollar un proceso de aprendizaje desde un paradigma lúdico e innovador.

En este punto conocerás las principales teorías motivacionales de la conducta en relación con el aprendizaje y cómo se pueden aprovechar los aspectos motivacionales para desarrollar experiencias gamificadas motivadoras, que conecten con los deseos y aspiraciones del alumnado para conseguir los objetivos de aprendizaje propuestos por el personal docente.

3.1. Teoría de la autodeterminación

La teoría de la autodeterminación sostiene que todas las personas presentan una tendencia natural a **ser activas** y a sentirse **autodeterminadas** en su comportamiento.

Fue desarrollada en sus orígenes por Richard M. Ryan y Edward L. Deci, su principal colaboradora.

El conocimiento de esta teoría puede ayudar al personal docente a implementar la gamificación de forma efectiva en sus aulas.

A continuación, veremos sus fundamentos y cómo aplicarlos a la gamificación en el aula.

Fundamentos de la teoría de la autodeterminación

Esta teoría se basa en **tres necesidades psicológicas** fundamentales:

Necesidad de autonomía
- Las personas desean ser agentes activos en sus propias vidas y tomar decisiones de forma independiente.
- Cuando las personas tienen autonomía en sus tareas, sienten una mayor motivación a seguir realizándolas, de modo que aumenta el compromiso.

Necesidad de competencia
- Las personas necesitan sentirse competentes y efectivas en las actividades que realizan.
- Sentir el progreso y el éxito en la consecución de los objetivos propuestos en las tareas les motiva a continuar haciéndolas.

Necesidad de relación
- Es importante para todas las personas sentirse conectadas con las demás y experimentar relaciones significativas.
- Las relaciones interpersonales fomentan la motivación.

Aplicación de la teoría de la autodeterminación a la gamificación en el aula

Como docente, puedes inspirarte en los postulados de la teoría de la autodeterminación para conseguir una gamificación efectiva. Para ello, **sigue los siguientes pasos:**

- ⮑ **Paso 1. Comprende las necesidades del alumnado:** haciendo un esfuerzo por comprender las necesidades y preferencias del alumnado para conocer qué les interesa y qué les motiva, por ejemplo, a través de encuestas, mesas redondas, debates o actividades de *brainstorming*.
- ⮑ **Paso 2. Fomenta la competencia significativa:** asegurándote de que el juego permita al alumnado tomar decisiones, ofreciendo diversas opciones y flexibilidad en la forma en la que se aborda el juego, permitiéndoles cierto grado de control sobre la actividad.
- ⮑ **Paso 3. Promueve la relación entre el alumnado:** fomentando la colaboración, la interacción social, a través de juegos en equipo y colaborativos.

- **Paso 4. Incorpora elementos narrativos:** incluyendo elementos narrativos que involucran emocionalmente al alumnado, fomentando así un aprendizaje significativo.
- **Paso 5. Brinda retroalimentación constructiva:** ofreciendo una retroalimentación constante según el alumnado progresa en el juego, pues este *feedback* contribuye a satisfacer la necesidad de competencia.
- **Paso 6. Mantén un equilibrio:** satisfaciendo las tres necesidades de motivación (autonomía-competencia-relación) sin excederse en ninguna de las tres dimensiones para no sobrecargar el juego.

 **EJEMPLO**

Imagina que eres docente de historia y te encuentras diseñando tu estrategia de gamificación.

Diseñas un juego de rol sobre la Revolución francesa llamado *Revolution,* en el que el alumnado formará equipos para desempeñar distintos papeles situándose en París antes, durante y tras la toma de la Bastilla. El alumnado podrá formar parte del campesinado, la burguesía, la nobleza o los cuerpos militares.

Objetivo pedagógico del juego: revisar los principales acontecimientos en Francia durante la Revolución francesa.

Elementos del juego: tablero virtual.

Mecánica del juego: el alumnado avanza por el tablero respondiendo a cuestiones sobre eventos determinantes de la Revolución francesa. Atendiendo al grupo social al que pertenezca, tendrá que desempeñar ciertos roles y responder acertijos sobre el estilo de vida de cada grupo y su papel en la Revolución.

Te inspiras en los postulados de la **teoría de la autodeterminación** para que el alumnado conozca los eventos históricos y, a la vez, se sienta motivado teniendo cierta autonomía en el juego. Para ello, sigues los siguientes pasos:

1. **Averiguas los intereses del alumnado**
   Realizas una breve encuesta a los estudiantes y descubres que gran parte del alumnado se decanta por un enfoque más interactivo y visual, mientras que otro grupo se interesa más por la narrativa.
2. **Satisfaces la necesidad de autonomía**
   Diseñas un juego con desafíos y misiones que permite al alumnado diseñar sus propios personajes, a la vez que pueden interpretar estos personajes en el juego. Has tenido en cuenta el aspecto visual y la narrativa.

Continúa en página siguiente >>

<< Viene de página anterior

3. Fomentas la competencia significativa

Los desafíos y misiones incluyen la resolución de problemas históricos, toma de decisiones en eventos, batallas, etc. Según el alumnado avanza en el juego, obtiene retroalimentación sobre las consecuencias de sus decisiones.

4. Promueves la relación entre estudiantes

Permites que el alumnado establezca alianzas según los personajes históricos que diseñaron, para que tomen decisiones estratégicas en equipo.

5. Incorporas elementos narrativos

A lo largo del juego, incluyes los eventos históricos relevantes que quieres abordar como objetivo pedagógico, para que los personajes se vean envueltos en estos contextos, de forma que el alumnado forma parte de la historia.

6. Brindas retroalimentación constructiva

Según el alumnado avanza en el juego, le ofrece una retroalimentación constante sobre las consecuencias de las decisiones que van tomando y cómo los personajes causan un impacto en el argumento. Esto les ayuda a formar parte de la historia y comprenderla.

7. Mantienes el equilibrio

Constantemente evalúas que se mantiene un equilibrio entre autonomía-competencia-relación, para que el alumnado no se disperse en los aspectos más llamativos del juego y se pierda de vista el objetivo pedagógico final, a la vez que se cuida que haya motivación.

Juego de tablero virtual Revolution

3.2. Teoría de la motivación intrínseca

La motivación intrínseca ha sido ampliamente estudiada desde la educación y la psicología. Se refiere a la motivación que surge dentro del individuo: motivación impulsada por un interés personal y por la satisfacción que obtiene al realizar una tarea.

La motivación intrínseca y la extrínseca fueron exploradas por Richard M. Ryan y Edward L. Deci como parte de la teoría de la autodeterminación.

A continuación, veremos sus fundamentos y cómo aplicarlos a un proceso gamificado.

Fundamentos de la teoría de la motivación intrínseca

La teoría de la motivación intrínseca se basa en los siguientes fundamentos:

- **Interés personal:** la motivación intrínseca es generada por el interés, la vocación y la pasión del individuo. Las personas se motivan de forma natural cuando realizan actividades que les apasionan genuinamente.
- **Satisfacción personal:** la motivación intrínseca nace de la satisfacción personal al desarrollar una actividad, ya que, cuando los individuos sienten que están logrando algo significativo, se sienten realizados y, por tanto, motivados a hacerlo.
- **Sentido de competencia:** la sensación de estar progresando o mejorando impulsa la motivación intrínseca.
- **Autonomía:** las personas se sienten motivadas cuando perciben que controlan su destino, que tienen libertad de elección y que tienen control sobre sus acciones.
- **Creatividad y exploración:** las personas se sienten motivadas cuando pueden explorar algo nuevo, desarrollar su creatividad para resolver problemas y conocer cosas nuevas.
- **Conexión social:** las personas se sienten motivadas en las tareas, de forma intrínseca, cuando desarrollan las relaciones sociales e interactúan con los demás.
- **Sentido de propósito:** la motivación intrínseca aumenta cuando las personas sienten que las tareas que están realizando van más allá de la recompensa externa, cuando comprenden el sentido de la tarea o cuando relacionan la teoría con la práctica en la vida real.
- **Flujo:** el estado de flujo se caracteriza por la concentración total en una tarea y la pérdida de la noción del tiempo, y este estado aumenta la motivación intrínseca.

⊃ **Recompensas inherentes:** la motivación intrínseca se produce cuando las personas encuentran satisfacción y placer en la actividad en sí, sin tener en cuenta las recompensas externas.

Aplicación de la teoría a la gamificación en el aula

La motivación intrínseca desempeña un papel fundamental en el proceso de gamificación, ya que uno de los objetivos es que el juego resulte gratificante para el alumnado y genere satisfacción.

Como docente, puedes fomentar la motivación intrínseca del alumnado según esta teoría. Para ello, **sigue los siguientes pasos:**

1. **Fomenta el interés y satisfacción personal.** Conociendo los intereses personales del alumnado, preguntándoles y teniendo en cuenta sus opiniones.
2. **Favorece la autonomía, la creatividad y exploración.** Diseñando juegos en los que el alumnado pueda tomar sus propias decisiones, de forma que estas afecten al desarrollo del argumento.
3. **Utiliza la conexión social.** Desarrollando juegos colaborativos y participativos, que fomenten un sentimiento de comunidad frente a juegos más individualistas.
4. **Ofrece un sentido de propósito.** Presentando en el juego desafíos significativos que requieran esfuerzo para ser superados, consiguiendo un proceso de aprendizaje estimulante.
5. **Potencia el flujo. Ofrece recompensas inherentes.** Creando juegos con argumento y *engagement* que sumerjan al alumnado en una narrativa, que los lleve a otro mundo en el que realizan las actividades del juego. Ofreciendo un *feedback* constante sobre los progresos en el juego. Utilizando puntos, insignias y *badgets* (insignias) para reforzar el juego.

◁◎▷ EJEMPLO

Imagina que eres docente de ciencias naturales y quieres gamificar tus clases. Vas a tratar la era mesozoica, en la que vivieron los dinosaurios. Quieres dar a conocer ese periodo y los distintos tipos de dinosaurios. Diseñas un juego cuyo argumento consiste en un grupo de exploradores que encuentran los restos fósiles de un dinosaurio desconocido hasta ahora; el juego se llama *Parque Mesozoico*. El alumnado deberá descubrir que se trata de un dinosaurio nuevo,

Continúa en página siguiente >>

<< Viene de página anterior

tras comparar sus características con las de los dinosaurios que pretendes que conozcan. En el argumento, aparece un equipo de *marketing* que quiere clonar al nuevo dinosaurio para hacer hamburguesas.

Objetivo pedagógico del juego: aprender las características de los distintos dinosaurios, su época y región.

Elementos del juego: un tablero virtual del mundo, en el que aparecen restos fósiles.

Mecánica del juego: el alumnado debe explorar distintos escenarios, localizando restos fósiles e identificando a qué dinosaurios pertenecen.

Puedes fomentar la motivación intrínseca siguiendo los siguientes pasos:

1. **Fomentas el interés y la satisfacción personal**
   Indagas con el alumnado sobre qué les intriga del tema, qué es lo que les gustaría saber, y lo utilizas en el juego.
2. **Promueves la autonomía, la creatividad y la exploración**
   Diseñas un entorno virtual de exploración científica, con una narrativa en la que los personajes forman parte de un equipo de investigadores/as que van a realizar un descubrimiento en un contexto específico.
   Permites que desarrollen proyectos autodirigidos, dejándoles espacio a que apliquen su imaginación.
3. **Empleas la conexión social**
   Permites que formen equipos para que colaboren con la finalidad de alcanzar sus objetivos, intercambiando pistas, información, datos, fuentes de información, etc.
   Permites que conecten virtualmente con comunidades científicas reales para que puedan plantearles sus preguntas y explicarles el juego, que puedan compartir opiniones
4. **Ofreces un sentido de propósito**
   Planteas desafíos coherentes con los contextos de la narrativa, y que están relacionados con el mundo real, como la protección del medioambiente o el bienestar animal.
5. **Generas flujo, sentido de propósito. Ofreces recompensas inherentes**
   Consigues que el juego sea divertido, ofreciendo puntos, insignias, *badgets*, etc., más allá de lo que el juego represente para la asignatura.
6. **Celebras los logros**
   Compartes los resultados de sus investigaciones o sus presentaciones con la comunidad científica, con comunidades educativas o con el alumnado de otros centros.

Juego Parque Mesozoico

3.3. Teoría de la motivación extrínseca

La teoría de la motivación extrínseca se basa en la idea de que las personas se ven influenciadas por elementos que fomentan la motivación externa, como los premios y los castigos. Esta motivación puede ser efectiva a corto plazo, pero resulta difícil de sostener en el tiempo y no potencia una motivación más genuina y efectiva, como la extrínseca. Además, se observa que un exceso de motivación externa puede desalentar la motivación interna.

A continuación, veremos sus fundamentos y la estrategia para aplicarlos a la gamificación en el aula.

Fundamentos de la teoría de la motivación extrínseca

La teoría de la motivación extrínseca se basa en los siguientes fundamentos:

Recompensas extrínsecas
Las recompensas extrínsecas son incentivos, tangibles o intangibles, que motivan a conseguir un objetivo, como son los premios, el reconocimiento, el dinero, etc.

Continúa en página siguiente >>

<< Viene de página anterior

Teoría del reforzamiento
Según la teoría del reforzamiento, las recompensas extrínsecas refuerzan las conductas y los comportamientos. Al recibir una recompensa, es más probable que se repita un comportamiento, una acción, una tarea.

Castigos extrínsecos
Para desmotivar conductas o comportamientos, se utilizan castigos extrínsecos, como multas, sanciones, críticas o la pérdida de algún tipo de privilegio.

Aplicación de la teoría a la gamificación en el aula

La motivación extrínseca resulta fundamental en un proceso de gamificación, pues las recompensas son elementos inherentes al juego.

Como docente, puedes aprovechar los beneficios de la motivación extrínseca para sacar el máximo rendimiento al juego y despertar el interés del alumnado. Para ello, **sigue los siguientes pasos:**

Utiliza recompensas
Aprovechar en el juego los beneficios de las recompensas extrínsecas (puntos, insignias, medallas, premios, reconocimientos, etc.) motiva a jugadores/as a continuar en el juego, completar misiones y realizar tareas.

Establece desafíos y objetivos claros
Estableciendo desafíos y objetivos concretos en el juego, aumenta la motivación extrínseca. Las metas concretas y las recompensas motivan al alumnado a participar y no abandonar el juego.

Fomenta la competencia y establece una clasificación
Aprovechando las clasificaciones, los rankings, etc., para fomentar la competencia y el reconocimiento entre el alumnado, lo cual lo motiva a continuar y a emocionarse con el juego.

 **EJEMPLO**

Imagina que eres docente de matemáticas y aplicas la gamificación en tus clases, diseñando un juego para mejorar las habilidades matemáticas a través de la resolución de castillos de ecuaciones. Tu juego imita al *Minecraft* y se desarrolla en una época medieval, se llama *Mine-ecuación*. El alumnado puede construir o destruir castillos a medida que resuelve castillos de ecuaciones.

Objetivo pedagógico del juego: aprender a resolver castillos de ecuaciones que aumentan en complejidad.

Elementos del juego: mundo virtual medieval poblado de castillos.

Mecánica del juego: el alumnado debe resolver castillos de ecuaciones en equipo para construir castillos en el juego o destruir los castillos de los otros equipos.

Puedes estimular la motivación extrínseca siguiendo los siguientes **pasos**:

1. **Estableces desafíos y objetivos claros**
   Estableces objetivos claros y creas reglas concretas para avanzar en el juego, con desafíos que supongan un esfuerzo creciente.
2. **Incluyes recompensas**
   Implementas un sistema de recompensas: puntos, insignias, medallas, etc., que el alumnado conseguirá según consiga los objetivos.
3. **Fomentas la competencia amistosa y la clasificación**
   Estableces competencia entre el alumnado, amistosa, a través de torneos medievales en los que propones problemas más complejos que requieren de habilidades lógicas más allá de la resolución de ecuaciones.
   Estableces un *ranking* semanal que se actualiza según se completan los torneos. De esta forma, también fomentas la colaboración a la vez que la sana competencia.
4. **Celebras los logros**
   Celebras los logros del alumnado con recompensas, certificados, diplomas, reconocimientos o incluso con premios tangibles como trofeos.

Juego Mine-ecuación

3.4. Teoría de la necesidad de logro, afiliación y poder

David McClelland sostiene en esta teoría que las personas tienen tres necesidades psicológicas básicas, que determinan su comportamiento: la necesidad de **logro,** la necesidad de **afiliación** y la necesidad de **poder.**

Fundamentos de la teoría de la necesidad de logro, afiliación y poder

La teoría de la necesidad de logro, afiliación y poder se basa en los siguientes **fundamentos:**

- ➲ **Necesidad de logro.** La necesidad de logro se refiere al deseo de destacar, de alcanzar logros y metas desafiantes, y recibir una retroalimentación positiva sobre el rendimiento. Quienes presentan una alta necesidad de logro buscan situaciones en las que puedan adquirir responsabilidades y alcanzar metas exigentes.
- ➲ **Necesidad de afiliación.** La necesidad de afiliación se refiere al deseo de establecer relaciones sociales, de integrarse en el grupo, ser valorado, aceptado por los demás, ser querido por las personas del entorno. Quienes presentan una alta necesidad de afiliación buscan el trabajo en equipo, la colaboración, la cooperación y el trabajo en red, mostrando preferencia por espacios colaborativos y ambientes amigables.

⊃ **Necesidad de poder.** La necesidad de poder se refiere al deseo de influir en los demás, controlar a las otras personas y obtener reconocimiento por ello. Quienes presentan una alta necesidad de poder desean liderar, causar un impacto en su entorno, ejercer la autoridad.

Aplicación de la teoría a la gamificación en el aula

Esta teoría resulta fundamental e indispensable en los procesos de gamificación, pues se encuentra directamente relacionada con las recompensas, que son elementos inherentes a todo tipo de juegos.

Como docente, puedes beneficiarte de la necesidad de logro, afiliación y poder en los procesos de gamificación. Para ello, **sigue los siguientes pasos:**

⊃ **Satisface la necesidad de logro:**

ʊ Estableciendo objetivos desafiantes y proporcionando recompensas significativas: incluyendo diferentes niveles de dificultad para conseguir puntos o para desbloquear contenido adicional.

ʊ Ofreciendo retroalimentación inmediata y positiva para reforzar la sensación de logro y fomentar la motivación intrínseca.

ʊ Diseñando desafíos progresivos, que aumenten gradualmente en dificultad.

ʊ Asociando recompensas significativas con el logro de objetivos, como puntos, medallas virtuales o privilegios fuera del juego.

ʊ Incorporando tablas de clasificación, *rankings,* para que el alumnado pueda ver su progreso en comparación con la de sus compañeros.

⊃ **Satisface la necesidad de afiliación:**

ʊ Estableciendo misiones en las que el alumnado trabaje en equipo para alcanzar metas comunes o resolver problemas para promover un sentimiento de comunidad en el aula. Las recompensas compartidas, además, refuerzan los lazos sociales y generan un ambiente amistoso, positivo, lo cual refuerza el aprendizaje.

ʊ Formando equipos o alianzas dentro del juego, que fomenten la cohesión dentro de la clase.

ʊ Organizando eventos colaborativos, en los que varios equipos deben cooperar para alcanzar un objetivo común.

ʊ Implementando recompensas grupales que motiven al alumnado a apoyarse mutuamente para alcanzar metas colectivas.

ʊ Diseñando narrativas envolventes que involucren al alumnado emocionalmente.

➲ **Satisface la necesidad de poder:**

◊ Proporcionando oportunidades para el liderazgo y la toma de decisiones. Además, reconociendo y celebrando los logros individuales se refuerza la sensación de control sobre las acciones y de poder.

◊ Asignando roles específicos dentro del juego que otorgue al alumnado poder y responsabilidad: roles de líderes, personal experto o estrategas potencian una sensación de liderazgo y control.

◊ Incorporando elementos de toma de decisiones, que permita al alumnado influir en la dirección del juego.

◊ Creando competencias individuales en las que cada alumno pueda destacar en las áreas específicas de su interés.

◊ Estableciendo un sistema de recompensas jerarquizado que refleje niveles de logro y poder.

◊ Organizando eventos especiales en los que el alumnado pueda asumir papeles de liderazgo, como una oportunidad para demostrar sus habilidades.

TAREA 2

Eres docente de ciencias sociales y quieres diseñar una experiencia gamificada con el objetivo de involucrar al alumnado en el trabajo comunitario y hacerles conocedores de sus derechos como parte de la ciudadanía. El juego se llama *Mi ciudad* y se basa en una ciudad virtual en la que el alumnado toma el rol de habitante, que construye una comunidad comprometida con la justicia social. El juego imita los videojuegos de *double life* ("doble vida"), donde cada jugador tiene un personaje virtual personalizable. Los y las estudiantes deben afrontar desafíos relacionados con la ciudadanía, basados en aspectos reales y resolver problemas de forma colaborativa, tomando decisiones informadas y asumiendo roles de liderazgo.

Objetivo pedagógico del juego: conocer los derechos de la ciudadanía y cómo ejercerlos.

Elementos del juego: mapa virtual de una ciudad, en la que convive una comunidad virtual, o un espacio virtual que emula una ciudad.

Mecánica del juego: el alumnado forma parte de un grupo de ciudadanos con el compromiso de construir una comunidad en la que exista justicia social. Deben resolver problemas sociales con sus conocimientos sobre ciudadanía para que la ciudad acumule puntos de justicia.

Continúa en página siguiente >>

<< Viene de página anterior

¿Cómo podrías estimular la motivación basándote en la teoría de la necesidad de logro, afiliación y poder?

- -

3.5. Teoría del reforzamiento y la extinción

B. F. Skinner es uno de los principales autores y contribuyentes de la teoría del reforzamiento y la extinción: propuso que el comportamiento es más probable que se repita si es seguido por consecuencias agradables (reforzamiento positivo) o si se evitan las consecuencias desagradables (reforzamiento negativo). Sus propuestas sobre la **extinción** son esenciales para comprender cómo cambiar y moldear el comportamiento.

 **DEFINICIÓN**

Extinción
Es el proceso por el que un comportamiento disminuye cuando deja de ser apoyado por consecuencias positivas.

- -

Fundamentos de la teoría del reforzamiento y la extinción

La teoría del reforzamiento y la extinción se basa en los siguientes **conceptos y fundamentos:**

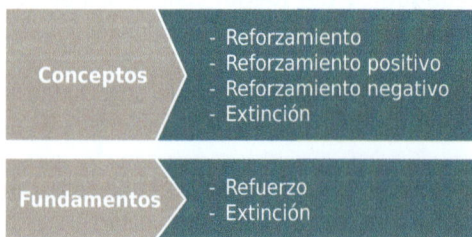

Conceptos
- Reforzamiento
- Reforzamiento positivo
- Reforzamiento negativo
- Extinción

Fundamentos
- Refuerzo
- Extinción

Aplicación de la teoría a la gamificación en el aula

Los juegos implican refuerzos en forma de premios, reconocimientos, puntos, etc., asociados al progreso en el mismo, por lo que el reforzamiento es fundamental en un proceso de gamificación.

Como docente puedes aplicar el reforzamiento en tus diseños gamificados. Para ello, **sigue los siguientes pasos:**

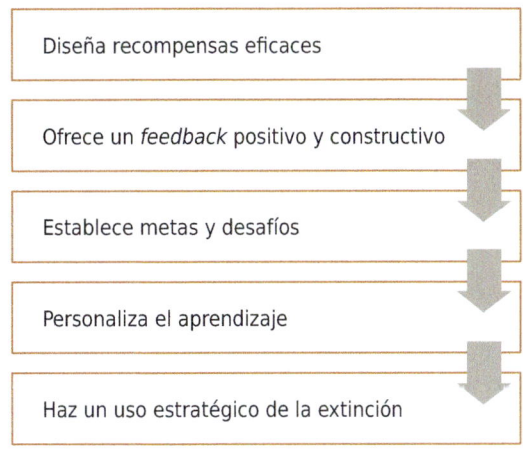

Diseña recompensas eficaces

Ofrece un *feedback* positivo y constructivo

Establece metas y desafíos

Personaliza el aprendizaje

Haz un uso estratégico de la extinción

3.6. Teoría de la autonomía en el aprendizaje

La teoría de la autonomía en el aprendizaje resulta fundamental para comprender la forma de empoderar al alumnado en el aprendizaje, de forma que pueda **tomar sus propias decisiones** en el proceso.

Fundamentos de la teoría de la autonomía en el aprendizaje

La teoría de la autonomía en el aprendizaje **se basa en los siguientes fundamentos:**

➲ **Empoderamiento.** Para que el alumnado pueda tomar decisiones sobre su proceso de aprendizaje debe estar empoderado y se les debe alentar a que sean **sujetos activos** en su propio aprendizaje, y no meros receptores de información.

➲ **Toma de decisiones.** El alumnado debe disponer del espacio suficiente y la libertad para tomar las decisiones relacionadas con su aprendizaje, eligiendo los temas, los métodos de estudio, las estrategias a seguir y la forma de evaluar y valorar su propio progreso.

- ⮞ **Establecimiento de metas.** El alumnado debe ser capaz de establecer sus propias metas de aprendizaje de forma realista.
- ⮞ **Autoevaluación y reflexión.** El alumnado debe ser capaz de evaluar su propia labor y reflexionar sobre las estrategias que le están haciendo conseguir sus metas.
- ⮞ **Habilidades metacognitivas.** La autonomía en el aprendizaje debe impulsar el desarrollo de **habilidades metacognitivas,** es decir, que el alumnado sea capaz de comprender cómo aprender mejor.

Aplicación de la teoría a la gamificación en el aula

Como docente, puedes beneficiarte de algunos aspectos del aprendizaje autónomo para aplicarlos en tus diseños gamificados. Para ello, **sigue los siguientes pasos:**

- ⮞ **Paso 1. Realiza un diseño participativo del juego.** Involucrando al alumnado en el diseño de la actividad gamificada.
- ⮞ **Paso 2. Permite la selección de temas y tareas.** Ofreciendo opciones para que el propio alumnado elija temas o tareas en relación al juego.
- ⮞ **Paso 3. Ofrece metas individuales.** Estableciendo metas dentro del juego de forma que el alumnado pueda definir objetivos específicos, adquiriendo así un sentimiento de propósito.
- ⮞ **Paso 4. Diseña recompensas personalizadas.** Estableciendo recompensas que se adapten a las preferencias y metas individuales del alumnado, lo cual le resultará motivador.
- ⮞ **Paso 5. Crea espacios de autoevaluación.** Incorporando en el juego espacios en los que el alumnado pueda autoevaluarse, reflexionando sobre sus estrategias en el juego e identificando áreas de mejora.

 **EJEMPLO**

Imagina que diseñas un juego sobre las grandes obras de la historia del arte clásico, en el que el alumnado visitará galerías de arte virtuales y deberá responder a cuestiones sobre artistas, sus obras destacadas y el momento histórico al que pertenecen. El juego se llama *Ciberclasicismo*, y el alumnado toma el rol de bloguero especialista en crítica de arte, imaginando cómo sería un blog

Continúa en página siguiente >>

<< Viene de página anterior

de arte en la época clásica. Podrán seleccionar si ser blogueros/as, escribir en una revista digital, hacer comentarios en redes sociales o crear foros virtuales.

Objetivo pedagógico del juego: realizar una revisión de la historia del arte clásico, sus principales artistas y corrientes. Desarrollar habilidades digitales.

Elementos del juego: un tablero virtual que representa el mundo clásico y en el que se encuentran localizadas las principales galerías de arte que disponen de visita virtual.

Mecánica del juego: el alumnado deberá avanzar por el tablero y visitar la galería virtual que corresponda a la figura artística seleccionada, o la corriente artística a la que representa. Para avanzar por el tablero y llegar a la visita virtual de la galería de arte, deberá responder a cuestiones y resolver acertijos sobre la figura que han seleccionado, sus obras destacadas y el momento histórico en el que se encuadran. Reflejará sus avances en un blog, simulando que el blog está desarrollado en la época clásica, e incorporando elementos visuales como imágenes y vídeos. Finalmente realizarán la visita virtual al museo y desarrollarán una exposición con toda la información que han recopilado durante la partida.

El personal docente puede fomentar la autonomía del alumnado en su proceso de aprendizaje siguiendo los siguientes pasos en el diseño del juego:

1. **Realizar un diseño participativo del juego**
   Se pregunta al alumnado qué artistas les gustaría investigar en el juego a través de un debate, actividades de *brainstorming* o encuestas.
2. **Permitir la selección de temas y tareas**
   Se diseña, junto con el alumnado, el tipo de tareas: desarrollo de un blog o escribir en redes sociales; aplicar acertijos o realizar test; permitir que el alumnado aporte ideas.
3. **Ofrecer metas individuales**
   Permitir que cada alumno/a establezca metas sobre la figura artística elegida, por ejemplo, si va a centrarse en una disciplina (pintura) o en varias (pintura y escultura); en una época del artista o en toda su carrera; en una obra específica por ser muy relevante.
4. **Diseñar recompensas personalizadas**
   Permitir que el alumnado seleccione el tipo de recompensas que prefiere conseguir según avanza en el juego: una parte puede sentirse motivada por puntos, otra parte por *rankings;* otro grupo prefiere desbloquear contenido exclusivo sobre la figura artística de estudio.

Continúa en página siguiente >>

<< Viene de página anterior

5. Crear espacios de autoevaluación

Se crea un foro virtual en el que el alumnado comparte sus reflexiones sobre las dificultades que está encontrando en el juego y cómo las está superando.

6. Crear espacios creativos

Finalmente expondrán en su propio blog de crítica de arte toda la información que han recopilado y podrán compartir el enlace y un resumen en el foro virtual y en la clase presencial, a modo de exposición. Esto motivará al alumnado a ser creativo, utilizar elementos visuales, ser ingenioso, aplicar el humor e intentar sorprender a sus compañeros.

Juego Ciberclasicismo

 **APLICACIÓN PRÁCTICA**

Como docente que pretende aplicar un proceso gamificado en el aula, necesitas identificar claramente cómo despertar las distintas motivaciones en el alumnado. En esta actividad vas a revisar algunas de las teorías de la motivación que hemos visto hasta ahora. Para ello, relaciona cada teoría con el tipo de motivación que investiga.

Continúa en página siguiente >>

<< Viene de página anterior

Teoría
1. Teoría de la autodeterminación
2. Teoría de la necesidad de logro, afiliación y poder
3. Teoría de la motivación intrínseca
4. Teoría de la autonomía en el aprendizaje
5. Teoría de la motivación extrínseca

Motivación
a) Logro, afiliación y poder
b) Motivación externa
c) Empoderamiento, toma de decisiones
d) Necesidad de autonomía, competencia y relación
e) Motivación Interna

Solución

La relación correcta de conceptos es la siguiente:

Teoría	Motivación
1. Teoría de la autodeterminación	d) Necesidad de autonomía, competencia y relación
2. Teoría de la necesidad de logro, afiliación y poder	a) Logro, afiliación y poder
3. Teoría de la motivación intrínseca	e) Motivación interna
4. Teoría de la autonomía en el aprendizaje	c) Empoderamiento, toma de decisiones
5. Teoría de la motivación extrínseca	b) Motivación externa

Continúa en página siguiente >>

<< Viene de página anterior

La diversión es inherente a un proceso gamificado, pero no es suficiente para mantener al alumnado interesado en la experiencia gamificada. El personal docente debe animar a sus estudiantes aprovechando las diversas motivaciones que mueven a las personas a la acción, y para ello ha de ser consciente de la valiosa información que suponen las teorías de la motivación.

 TAREA 3

Eres docente de geografía y tu objetivo es gamificar el aprendizaje sobre capitales de países. Diseñas un juego llamado *Capital city,* en el que el alumnado viajará por el mundo respondiendo preguntas y acertijos sobre las capitales de los países.

Objetivo pedagógico del juego: familiarizarse con las capitales de los países y mejorar el conocimiento geográfico.

Elementos del juego: mapa virtual del mundo con los países y sus capitales.

Mecánica del juego: el alumnado viaja por el mapa respondiendo preguntas sobre las capitales. Cada respuesta correcta los acerca a completar su "misión mundial".

¿Cómo podrías estimular la motivación intrínseca durante el juego?

---

4. Tipos de usuarios según su estructura de motivación

HILO CONDUCTOR

Existe gran diversidad de juegos y Leo ya ha podido conocer diversas estrategias para motivar al alumnado en sus experiencias gamificadas. Pero, ante

Continúa en página siguiente >>

<< Viene de página anterior

tanta variedad, ¿qué tipo de juegos seleccionar? ¿Qué estrategias aplicar? Para ello, debe conocer a su alumnado y sus motivaciones. Acompaña a Leo en la clasificación de los tipos de jugadores según su estructura de motivación, con el objetivo de realizar las mejores elecciones en el diseño de sus gamificaciones.

En el núcleo de la gamificación subyace la idea de que la motivación es el motor que impulsa el aprendizaje. En este punto veremos los distintos tipos de usuarios según su estructura de motivación, es decir, la diversidad de perfiles del alumnado como jugadores.

Se ha escrito mucho sobre los tipos de usuarios y usuarias de juegos y su relación con la gamificación, pues el personal docente debe conocer los intereses de su alumnado para elegir los juegos y los elementos lúdicos que despierten su motivación.

Vamos a ver algunos modelos de análisis y clasificación de los distintos tipos de usuarios y usuarias de juegos según su estructura de motivación.

4.1. Taxonomía de Bartle

Richard Bartle, diseñador de videojuegos, catedrático y profesor honorario en la Universidad de Essex, en el Reino Unido, aplica una clasificación de los usuarios y usuarias de juegos según su personalidad.

Veamos qué tipos hay según la taxonomía de Bartle:

◗ **Competidores/as *(killers)* (asesinos/as).** Su principal impulso radica en la búsqueda de la victoria y lograr posicionarse en el primer lugar de la clasificación. Para retener a este tipo de participantes en el juego, se recurre al uso de listas de clasificación, donde puede verificarse su progreso a través de los distintos niveles y observar su ascenso en la tabla. Son aficionados al engaño y la competencia.

  ◖ Características: se centran en ganar, subir de nivel y competir.
  ◖ Intereses: su nivel o posición en el *ranking.*

◗ **Triunfadores *(achievers)*.** Se trata de amantes de la aventura, cuya principal motivación es continuar explorando nuevos escenarios, plataformas o niveles, y superar los objetivos establecidos en el juego. Su motivación es intrínseca y está vinculada con la satisfacción personal o el beneficio del grupo. Aunque son activos en el juego, no necesariamente lo son con otros participantes. Su objetivo primordial es alcanzar la primera posición. Su nivel de competitividad se basa en superar al resto, pero en menor medida que el tipo *killer.*

  - Características: se centran en completar los niveles y lograr los objetivos.
  - Intereses: logros.

- **Socializadores *(socializers).*** Su motivación se centra en lo social, más que en la estrategia del juego, buscando compartir con otras personas o establecer una red de contactos y amistades. Se les mantiene con interés en el juego mediante chats o listas de amistades. Su objetivo es socializar, compartir y reflexionar con el resto, mostrando atención en la creación de comunidades. Según las estimaciones de Bartle, la abrumadora mayoría de jugadores/as, cerca del 80 %, pertenecen al tipo sociable. Disfrutan al unirse a otras personas para lograr objetivos que no podrían alcanzar por sí mismas.

  - Características: se centran en sociabilizar y desarrollar vínculos con amistades y contactos.
  - Intereses: noticias, chats, listas de amistades, redes sociales.

- **Exploradores/as *(explorers).*** Sienten atracción por descubrir lo desconocido y enfrentarse a desafíos complejos que les permitan superar los diferentes niveles del juego. Su motivación es la autosuperación, y buscan interactuar con el sistema o la plataforma del juego propuesto. Desde su perspectiva, el premio reside en el descubrimiento.

  - Características: se centran en explorar, investigar y descubrir.
  - Intereses: encontrar siempre algo nuevo.

Bartle parte de **dos variables** para crear estos cuatro perfiles de usuarios respecto a sus preferencias.

Veamos a continuación la clasificación de los usuarios y usuarias de juegos de Bartle respecto a las preferencias de las dinámicas del juego.

Jugadores/as vs. mundo
- *Socializers y killers:* prefieren relacionarse con otros usuarios, de diversas formas.
- *Explores y achievers:* prefieren disfrutar de dinámicas que les permitan relacionarse con el mundo del sistema.

Interacción vs. acción
- *Socializers y killers:* prefieren la interacción sobre los elementos, que pueden ser otras personas usuarias o el propio sistema.
- *Explores y achievers:* prefieren dinámicas de interacción mutua.

 ## PARA SABER MÁS

Puedes profundizar sobre las características de los jugadores/as y conocer cómo aprovechar sus intereses y motivaciones en el diseño de experiencias gamificadas, accediendo desde aquí:

https://redirectoronline.com/ssce180201

 ## ACTIVIDAD COMPLEMENTARIA

3. Visita *@MyClassGame,* aplicación web destinada a docentes que quieren introducir las nuevas tecnologías en sus clases. Desde esta plataforma, el equipo de docente puede crear proyectos cooperativos gamificados (PCG) y hacer un seguimiento de las tareas que realiza el alumnado. Para ello puedes hacerlo accediendo desde aquí:

Continúa en página siguiente >>

<< Viene de página anterior

https://redirectoronline.com/ssce180202

@MyClassGame es una herramienta digital *Open Source*, pensada para docentes, por lo que, además de ser de licencia abierta, es gratuita.

Entra en contacto con la plataforma, aprendiendo a gestionar el alumnado y gestionar un sistema de puntos.

Esta plataforma dispone de muchas opciones, pero no os preocupéis: solo vamos a hacer una toma de contacto, con el objetivo de que la conozcáis y podáis seguir explorándola.

A continuación, sigue los siguientes pasos:

· Regístrate en la plataforma. También puedes entrar con una cuenta de *Gmail* sin necesidad de registrarte.
· Al entrar, selecciona la opción de **Docente.**
· A continuación, pulsa en el recuadro que indica **Nueva clase.**
· En el menú superior, selecciona la pestaña **Plantillas tematizadas.** En esta pestaña aparece un menú con plantillas. Selecciona **Avengers.**
· En la siguiente pantalla, selecciona el recuadro **Copia_avengers.**
· Te aparecerá un grupo ya hecho de alumnos, para que puedas testear la plataforma.
· En la parte superior, en la pestaña **Gestión de clase** te aparecerá un menú. Desplázate al nombre de la clase y ponle un nombre a tu grupo. A continuación, sin salir del menú, selecciona a un alumno y pulsa sobre su ficha.
· Te aparecerá la ficha con sus datos. Ponle un nombre e indica un ***e-mail.*** Con ese *e-mail*, el alumno/a podrá entrar a la plataforma. También con el código que aparece en la parte superior. Pulsa **Guardar.**
· Desplázate al menú vertical de la izquierda de la pantalla y selecciona Elementos del juego.
· Te aparecerá un menú con los elementos de juego. Desplázate a la pestaña superior y selecciona **Insignias.**

Continúa en página siguiente >>

<< Viene de página anterior

- Te aparecerá un menú de insignias. Desplázate a la parte inferior y selecciona Nueva insignia. Ponle de nombre "Puntualidad". En Experiencia (XP) escribe el número 2, que significa que puntuará la puntualidad con 2 puntos de experiencia. Pulsa **Guardar.**
- A continuación, en la ficha de insignias que has creado, pulsa en el símbolo de la estrella, para asociar un icono a la insignia. Te aparecerá un menú con imágenes. También puedes subir tu propia imagen. Selecciona un icono y pulsa **Seleccionar.**
- Verás que se ha asignado el icono a tu insignia.
- Desplázate de nuevo a la pestaña **Gestión de clase** y, en **Selección,** pulsa **Presentes.**
- Te aparecerá un menú con las distintas insignias. Selecciona PUNTUALIDAD y pulsa **Guardar.** De esta forma, se darán 2 puntos de experiencia al alumnado que esté presente en el aula.
- Puedes comprobarlo en las fichas del alumnado: quien está presente, ya ha adquirido 2 puntos de experiencia (XP).

Después, reflexiona sobre esta experiencia de gamificación:

- ¿Te parece que el sistema es complicado?
- ¿Qué aplicaciones podrías darle en el aula?
- ¿Les resultaría interesante a tus estudiantes?
- ¿Quieres seguir conociendo más funciones de la plataforma?
- Según la Taxonomía de Bartle, ¿a qué tipo de usuarios de juego podría gustarles este tipo de actividades?

4.2. Modelo de los verbos de fidelización social de Amy Jo Kim

Una de las teorías desarrolladas en torno a la segmentación de usuarios, inspirada en el modelo de Bartle, es la propuesta por Amy Jo Kim, destacada investigadora y diseñadora de juegos sociales estadounidense. Propone una de las teorías desarrolladas en torno a la segmentación de usuarios, inspirada en el modelo de Bartle: los verbos de fidelización social *(social engagement verbs).*

Esta propuesta sigue una estructura bastante parecida a la de Bartle, que, en lugar de utilizar perfiles, introduce la idea de clasificar a los jugadores/as mediante verbos, según lo que les gusta hacer, identificando cuatro perfiles:

- **Express (expresar).** El objetivo de este tipo de usuario es superar desafíos con éxito y obtener recompensas por ello (reemplaza el perfil *killer* de Bartle). Se trata de jugadores creativos que quieren expresarse libremente en el juego, tal como son. Dan importancia a poder expresarse y que sus acciones sean comentadas por el resto de jugadores.
- **Compete (competir).** Este tipo de usuario/a prefiere descubrir y aprender nuevas o desconocidas facetas del sistema (similar al perfil *achiever* de Bartle).
- **Explore (explorar).** Usuarios que se sienten atraídos por los aspectos sociales más que por la estrategia pura del juego (coincide con el perfil explorador de Bartle).
- **Collaborate (colaborar).** Estos jugadores buscan competir con otros mientras colaboran en el proceso (parecido al perfil *achiever* de Bartle).

Desde esta teoría, se cambia a los jugadores por verbos principales, que se ubican en un cuadrante. Una vez que se han ubicado, se asocia una serie de verbos relacionados (verbos secundarios), que hacen referencia a las preferencias.

Partimos de los cuatro verbos principales: **expresar, competir, explorar y colaborar,** y se asocian una serie de verbos complementarios.

Representación gráfica del modelo de los verbos de fidelización social de Amy Jo Kim

Partimos de cuatro verbos principales (explorar, competir, expresar, colaborar) y, profundizando en cada uno, encontramos un conjunto de **verbos secundarios (descubrir, investigar,** etc.). Estos verbos secundarios nos ayudan a comprender mejor las preferencias de los jugadores y entender así sus preferencias. Estos verbos son muy útiles a la hora de realizar encuestas sobre los gustos del alumnado.

4.3. Modelo Andrzej Marczewski

Andrzej Marczewski, especialista en gamificación, profundiza en la taxonomía de Bartle y añade los componentes de motivación intrínsecas y extrínsecas que hace que los usuarios/as jueguen.

Marczewski asocia a jugadores/as a dos grandes grupos: **complacientes y no complacientes.**

Partiendo de estos dos grupos, clasifica a cada usuario de juegos en seis tipos de jugadores o jugadoras.

- **Jugador** *(player)*. Su motivación es la recompensa en forma de reconocimientos, listas, puntos, etc.
- **Socializador** *(socializer)*. Su objetivo es relacionarse e interactuar con los demás participantes de todas las formas posibles.
- **Espíritu libre** *(free spirit)*. Su motivación es la autonomía y se mueve por el deseo a experimentar, probar, explorar.
- **Triunfador.** Su objetivo es el dominio y busca mejorar constantemente, por lo que el reto es su motivación.
- **Filántropo** *(philantropist).* Su motivación está relacionada con el sentido de propósito, y ayudar a que el resto de jugadores/as puedan disfrutar de la experiencia, sin recibir ninguna recompensa por ello.
- **Disruptivo** *(disruptor)*. Lo que le mueve es el cambio; va a tratar de provocar una modificación en el juego.

Desde esta clasificación, quienes entran en la categoría de jugadores son "los complacientes", pues su motivación es el juego en sí, por lo que van a jugar; y el resto son "no complacientes", perfiles a los que hay que aportarles aquello que les motiva.

Marczewski toma sus seis tipos de jugadores y los representa en un hexágono, relacionándolos por su objetivo, y los muestra de forma próxima o enfrentada, según sus motivaciones:

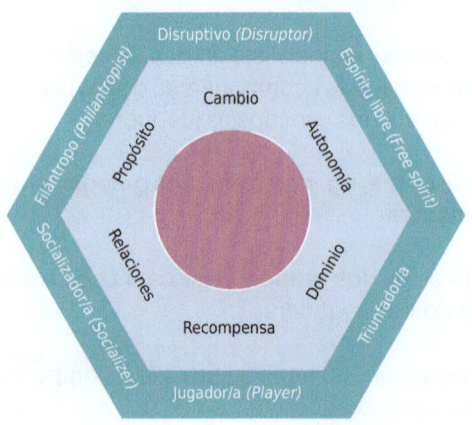

Hexágono de Marczewski

APLICACIÓN PRÁCTICA

Te encuentras a punto de planificar una experiencia gamificada en el aula, y pasas algunos cuestionarios a tu alumnado para conocer sus intereses, clasificarlos y ver qué tipo de elementos del juego pueden motivarlos.

Para ello, relaciona el tipo de usuario de juegos con sus características e intereses, siguiendo la taxonomía de Bartle.

Usuarios de juegos

A. Competidores *(killers)* (asesinos)

B. Triunfadores *(achievers)*

C. Socializadores *(socializers)*

D. Exploradores *(explorers)*

Características e intereses

- **Características:** se centran en sociabilizar y desarrollar vínculos con amistades y contactos.
- **Intereses:** noticias, chats, listas de amistades, redes sociales.

Continúa en página siguiente >>

<< *Viene de página anterior*

Características e intereses

- **Características: se centran en completar los niveles y lograr los objetivos.**
- **Intereses: logros.**

- **Características: se centran en ganar, subir de nivel y competir.**
- **Intereses: su nivel o posición en el *ranking*.**

- **Características: se centran en explorar, investigar y descubrir.**
- **Intereses: encontrar siempre algo nuevo.**

Solución

La relación correcta de conceptos es la siguiente:

Usuarios de juegos	Características e intereses
A. Competidores *(killers)* (asesinos)	- Características: se centran en ganar, subir de nivel y competir. - Intereses: su nivel o posición en el *ranking*.
B. Triunfadores *(achievers)*	- Características: se centran en completar los niveles y lograr los objetivos. - Intereses: logros.
C. Socializadores *(socializers)*	- Características: se centran en sociabilizar y desarrollar vínculos con amistades y contactos. - Intereses: noticias, chats, listas de amistades, redes sociales.
D. Exploradores *(explorers)*	- Características: se centran en explorar, investigar y descubrir. - Intereses: encontrar siempre algo nuevo.

La caracterización del alumnado como usuario de juegos y su clasificación según sus intereses puede llevar al personal docente a desarrollar experiencias gamificadas efectivas a la vez que motivadoras, con el objetivo de que los jugadores

Continúa en página siguiente >>

<< Viene de página anterior

no abandonen el juego y puedan aprovechar al máximo los beneficios que los elementos lúdicos producen en el aprendizaje.

 ## ACTIVIDAD COMPLEMENTARIA

4. Para desarrollar una experiencia basada en juegos es necesario conocer repositorios para realizar vuestros propios juegos personalizados.

Busca plataformas de juegos educativos que ofrezcan la posibilidad de personalizar juegos clásicos.

A modo de ejemplo, podéis visitar *EducaPlay*, portal web que cuenta con juegos clásicos y actividades para jugar, con la posibilidad de que sean únicos, diseñados por el personal docente. Para ello puedes acceder desde aquí:

https://redirectoronline.com/ssce180203

A continuación, sigue los siguientes pasos:

Selecciona uno de los juegos y personalízalo pensando en que vas a aplicarlo en tu aula.

Después, reflexiona acerca delas siguientes cuestiones:

- ¿Qué usos le podrías dar a este recurso?
- El juego que has diseñado ¿es efectivo?, ¿es divertido?
- ¿Cómo podrías hacerle llegar el juego a tu alumnado?
- ¿Cómo podrías ver los resultados del juego?
- ¿A qué tipo de usuarios de juego, según la clasificación de Bartle, podría gustarles tu juego?

---

5. Resumen

Para diseñar una experiencia de gamificación en el aula es necesario conocer los principios que rigen el aprendizaje y la motivación.

Hemos hecho una revisión de las principales teorías psicológicas del aprendizaje:

Teorías conductistas   Teorías cognitivas

No pueden faltar en esta revisión pedagógica las principales teorías motivacionales de la conducta:

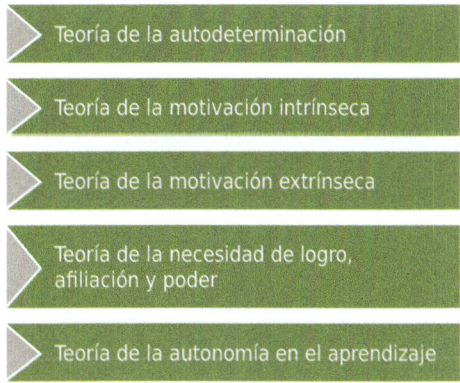

Teoría de la autodeterminación

Teoría de la motivación intrínseca

Teoría de la motivación extrínseca

Teoría de la necesidad de logro, afiliación y poder

Teoría de la autonomía en el aprendizaje

Los distintos tipos de usuarios, atendiendo a su estructura de motivación, quedan clasificados según distintos modelos:

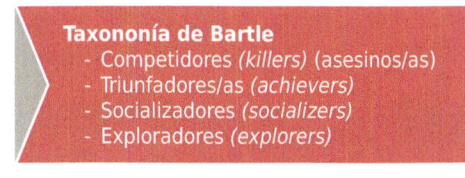

Taxononía de Bartle
- Competidores *(killers)* (asesinos/as)
- Triunfadores/as *(achievers)*
- Socializadores *(socializers)*
- Exploradores *(explorers)*

Continúa en página siguiente >>

<< Viene de página anterior

Modelo de los verbos de fidelización social de Amy Jo Kim
- *Express* (expresar)
- *Compete* (competir)
- *Explore* (explorar)
- *Collaborate* (colaborar)

Modelo de Andrzej Marczewski
- Jugador *(player)*
- Socializador *(socializer)*
- Espíritu libre *(free spirit)*
- Triunfador *(achiever)*
- Filántropo *(philantropist)*
- Disruptivo *(disruptor)*

Ejercicios de autoevaluación
Unidad de Aprendizaje 2

1. Indica si la siguiente oración es verdadera o falsa: "Las teorías cognitivas presentan su foco en el funcionamiento de la mente y la forma en la que se adquiere el conocimiento, mientras que las teorías conductistas se centran principalmente en la observación de comportamientos externos, sin considerar los procesos internos de la mente".

   ■ Verdadero
   ■ Falso

2. Según Bartle, ¿cómo se clasifican los tipos de usuarios/as de juegos?

   a. *Free spirts, disruptor, philantropist, player.*
   b. *Griefer, influencer, destroroyer, improver.*
   c. *Killer, achiever, socializer, explorer.*
   d. *Black hat/hite hat.*

3. ¿Cuál es el enfoque principal de la teoría del aprendizaje experiencial propuesta por J. Dewey?

   a. Aprendizaje a través de castigos.
   b. Aprendizaje a través de la observación.
   c. Aprendizaje basado en la conexión de los conocimientos con situaciones de la vida real.
   d. Aprendizaje a través de la construcción de artefactos.

4. Según H. Gardner, ¿cómo se construye la inteligencia en su teoría de las inteligencias múltiples?

   a. En una sola dimensión.
   b. En múltiples dimensiones.
   c. A través de la observación.
   d. Exclusivamente mediante la lógica matemática.

5. Indica si la siguiente oración es verdadera o falsa: "La motivación se encuentra en el foco central de la gamificación, pues se trata de una estrategia motivadora que pretende desarrollar un proceso de aprendizaje desde un paradigma lúdico e innovador".

- Verdadero
- Falso

6. ¿Cómo pueden los juegos en el aula aplicar la teoría del desarrollo sociocultural de L. Vigotsky?

   a. Fomentando la competencia individual.
   b. Promoviendo la interacción social y el aprendizaje colaborativo.
   c. Incentivando el aprendizaje por descubrimiento.
   d. Aplicando castigos para corregir comportamientos.

7. ¿Cómo pueden los juegos en el aula favorecer el aprendizaje por descubrimiento según J. Bruner?

   a. Presentando información de forma aislada.
   b. Ofreciendo soluciones directas a los problemas.
   c. Planteando desafíos y problemas que requieran soluciones creativas.
   d. Limitando la participación activa de los y las estudiantes.

8. ¿Cómo se puede aplicar la teoría del aprendizaje experiencial de J. Dewey en gamificación?

   a. Con juegos basados únicamente en castigos.
   b. Desconectando los contenidos gamificados de la vida real.
   c. Conectando los contenidos gamificados con experiencias de la vida real.
   d. Limitando la participación activa de los y las estudiantes.

9. ¿Cómo contribuyen los juegos y la gamificación al desarrollo de las inteligencias múltiples según H. Gardner?

   a. Limitando las dimensiones de la inteligencia.
   b. Favoreciendo únicamente la inteligencia lógico-matemática.

c. Permitiendo abordar distintas disciplinas y estrategias.

d. Excluyendo el componente social en el aprendizaje.

10. ¿Cuáles son los verbos de fidelización social de Amy Jo Kim?

a. Investigar, compartir, identificar, jugar.

b. Divertirse, animar, imaginar, crear.

c. Expresar, competir, explorar, colaborar.

d. Todas las opciones son correctas.

Fundamentos del diseño de juegos

Contenido

Objetivos

El objetivo general de esta Unidad de Aprendizaje es:

→ Conocer los fundamentos del diseño de juegos: mecánicos, dinámicos, estéticos.

Los objetivos específicos de esta Unidad de Aprendizaje son:

→ Distinguir los conceptos fundamentales en torno al diseño de juegos.

→ Gestionar recursos digitales para aplicarlos en el aula.

1. Introducción

El diseño de juegos es una mezcla de ciencia y arte, por lo que es necesario conocer los principales fundamentes del diseño, inherentes al pensamiento de juego.

En esta unidad exploraremos los principales fundamentos del diseño de juegos, tomando como punto de partida el modelo MDA (mecánicas, dinámicas y estéticas), desarrollado por R. Hunicke, M. LeBlanc y R. Zubek, y conoceremos, además, los principales componentes que pueden aparecer en un juego.

Los elementos del juego son los bloques de construcción esenciales que dan forma a la experiencia lúdica, como los desafíos, las recompensas, la narrativa y muchos más.

También realizaremos una aproximación a tres conceptos fundamentales del juego: el *flow,* el *engagement* y, cómo no, la diversión, que se halla en el corazón de toda experiencia gamificada.

Acompaña a Leo en esta expedición al interior de los juegos, para desentrañar los aspectos del diseño que hacen que una experiencia lúdica, en un entorno educativo, resulte una experiencia positiva que genere un aprendizaje significativo.

2. Fundamentos del diseño de juegos

 HILO CONDUCTOR

Leo comprende cada vez mejor en qué consiste el pensamiento de juego e imagina cómo puede aplicarlo en sus clases para motivar a su alumnado.

En este punto, se encuentra buscando recursos e ideando posibles experiencias gamificadas, pero le falta conocer en profundidad cuáles son los fundamentos por los que un juego resulta atractivo, motiva y compromete al alumnado.

Acompaña a Leo a descubrir los tipos de gamificación, el *flow,* el *engagement* y los fundamentos de la diversión, elementos que no pueden faltar en ninguna experiencia gamificada.

Se reconocen distintos tipos de gamificación atendiendo a su forma de implementación y la perspectiva de diferentes especialistas.

Según **Werbach y Hunter,** se distinguen los siguientes **tipos de gamificación:**

Interna
Su objetivo es mejorar la motivación dentro de una organización.

Externa
Su finalidad es involucrar a los usuarios, mejorando las relaciones con la empresa.

Cambio de comportamiento
Su misión es generar nuevos hábitos en la población. Pueden ser objetivos sociales o fines pedagógicos, somo rediseñar la clase para ofrecer experiencias positivas y aprender jugando.

Kapp se enfoca hacia los entornos de aprendizaje y distingue dos **tipos de gamificación:**

Estructural
- Se aplican elementos de los juegos sin modificar ni alterar el contenido, solo se modifica la estructura de alrededor.
- Los principales elementos que se utilizan son insignias, *rankings*, puntos, logros.

De contenido
- Se aplican tanto elementos del juego como del pensamiento del juego para modificar el contenido, pero sin transformarlo del todo; es una gamificación más profunda.
- Los elementos que se utilizan son los desafíos, la narrativa, los personajes y las misiones.

◁◯▷ EJEMPLO

DonJon es un portal web en el que podemos encontrar diversos generadores RPG para crear nuestros propios mundos fantásticos virtuales, ciudades, mapas, espacios de interior para *escape rooms* y mazmorras. Accede a este portal desde aquí:

https://redirectoronline.com/ssce180301

3. Elementos comunes al diseño de juegos

☞ HILO CONDUCTOR

El éxito de un juego no está en manos del azar, y la efectividad en el aula, sin duda, depende del diseño que haga el personal docente. En la creación de juegos y actividades gamificadas, no se puede descuidar la diversión, y la actividad lúdica debe enganchar, ser significativa. Leo está aprendiendo poco a poco los ingredientes que no pueden faltar en la receta de la creación de experiencias lúdicas. Acompáñala en este proceso y prepárate para la emoción.

La gamificación aplicada al aula personaliza la experiencia a los objetivos pedagógicos y las características del alumnado. Cada experiencia necesitará un *framework* de trabajo específico o, incluso, el personal docente puede crear un *framework* propio ajustado a sus necesidades.

◎ EJEMPLO

QuExt es una iniciativa de la Junta de Extremadura, basada en un entorno informático abierto que permite crear, ejecutar y evaluar veinte tipos de juegos sobre diversas materias de Educación Primaria y Secundaria Obligatoria. Es posible jugar localmente y en red. Se pueden crear juegos y acceder a los ya creados por otros docentes. Accede desde aquí para descubrir más acerca de este entorno:

https://redirectoronline.com/ssce180302

Sin embargo, existen una serie de **elementos comunes** a todas las experiencias gamificadas:

- ➲ **Objetivos y metas.** En un diseño gamificado es necesario crear una meta final, que estará formada por una serie de objetivos, estructurados y secuenciados de forma que presenten un valor y un significado que motive al alumnado a alcanzarlos.
  Los objetivos deben presentar una dificultad gradual creciente, para ofrecer al jugador una sensación continua de logro y de que está progresando hacia la meta final.
  Los objetivos deben proponerse mantener el estado de *flow*, manteniendo un equilibrio entre la dificultad y las habilidades necesarias.
- ➲ **Progresión.** Es necesario que el jugador pueda saber en qué punto del juego se encuentra, qué logros está consiguiendo, cuánto le falta para llegar a la meta, es decir, cómo progresa.
  Por este motivo, siempre es una ayuda para el alumnado disponer de barras de progreso o de elementos que le permitan situarse de forma numérica. Así toma conciencia del resultado de sus acciones.
  La progresión puede ser lineal (por ejemplo, subir de nivel) o no lineal (por ejemplo, realizar misiones de forma libre por un mapa).
- ➲ **Libertad para equivocarse.** En el espacio educativo se debe permitir al alumnado que experimente, que pueda equivocarse y repetir la partida todas las veces que quiera, para que descubra las estrategias correctas que le lleven a la meta del juego.

➲ **Narrativa.** La narración es la forma en la que se introduce a los usuarios en una historia, lo cual otorga un mayor sentido a la experiencia gamificada y genera emociones.

Para que una narrativa resulte efectiva, deben incluirse los siguientes elementos:

◑ Personajes: protagonistas de la historia.
◑ Trama: argumento.
◑ Tensión: presentación de un conflicto o problema.
◑ Resolución: solución al conflicto o problema.

➲ **Tiempo.** La limitación del tiempo para conseguir objetivos, las cuentas atrás y otros recursos temporales juegan un papel motivador en el juego. Al reducir la cantidad de tiempo, se obliga al jugador a centrarse en el objetivo.

 EJEMPLO

Godot es un motor de videojuegos 2D y 3D multiplataforma, libre y de código abierto, pues se encuentra publicado bajo la licencia MIT y ha sido desarrollado por la comunidad de Godot. Funciona con los sistemas Windows, OS X, Linux y BSD. Es muy intuitivo, pero requiere de un nivel medio o avanzado para poder desarrollar videojuegos, aunque dispone de una gran cantidad de videotutoriales desarrollado por la comunidad. Accede desde aquí para conocerlo:

https://redirectoronline.com/ssce180303

Teoría del *flow*

En educación resulta fundamental emplear estrategias que ayuden al alumnado a motivarse y que se comprometan con su aprendizaje.

Mihaly Csíkszentmihályi, psicólogo y profesor, desarrolló la teoría del *flow*, la fluidez, el flujo, muy asociada a la gamificación.

DEFINICIÓN

Flow
Estado mental de plena inmersión en una actividad, que se experimenta de forma gratificante y significativa.

Csíkszentmihályi describe el *flow* como "el hecho de sentirse completamente comprometido con la actividad por sí misma. El ego desaparece. El tiempo vuela. Toda acción, movimiento o pensamiento surgen inevitablemente de la acción, del movimiento y del pensamiento previo, es como si estuviéramos tocando jazz. Todo tu ser está allí, y estás aplicando tus facultades al máximo".

NOTA

El estado de *flow* es esa sensación de que el tiempo vuela porque existe disfrute y concentración en la actividad que se está realizando.

Este estado de *flow* se alcanza logrando un equilibrio entre el desafío de la tarea y la habilidad de quien la realiza: si algo es demasiado fácil o demasiado difícil, no llega a generarse este estado, pues debe alcanzarse una ponderación entre atención y motivación.

Para generar *flow* en las actividades gamificadas, se deben seguir las siguientes estrategias:

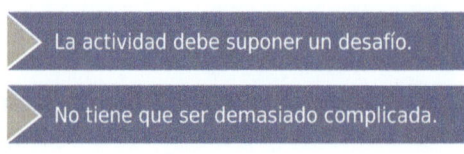

La actividad debe suponer un desafío.

No tiene que ser demasiado complicada.

Continúa en página siguiente >>

<< Viene de página anterior

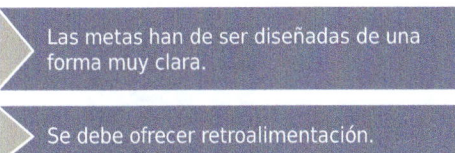

Las metas han de ser diseñadas de una forma muy clara.

Se debe ofrecer retroalimentación.

 PARA SABER MÁS

Puedes profundizar en la teoría del *flow* y su impacto en el rendimiento académico, además de conocer estrategias para aplicar la teoría en Educación Primaria, accediendo desde aquí:

https://redirectoronline.com/ssce180304

 EJEMPLO

Games for Change (G4C) es la mayor comunidad de juegos con impacto social. En esta plataforma de juegos serios puedes conocer cómo el poder del juego puede lograr un cambio real. Desde esta perspectiva, la de los juegos sociales, los juegos son un medio interactivo utilizado como herramienta para impulsar la labor humanitaria y educativa. Esta comunidad impulsa la iniciativa anual "Games for change festival", donde participan creadores/as de videojuegos de todo el mundo para lanzar iniciativas e impulsar alianzas, y se otorgan premios a los juegos más impactantes del año. Conócela más en profundidad accediendo a ella desde aquí:

Continúa en página siguiente >>

<< Viene de página anterior

https://redirectoronline.com/ssce180305

El *engagement*

La motivación por la actividad gamificada produce un compromiso con el juego *(engagement),* que motiva al alumnado a continuar, a no abandonar, pues se involucra con la actividad.

En líneas generales, el *engagement* del alumnado se reconoce como un requisito e indicador fundamental para una enseñanza de calidad.

 **DEFINICIÓN**

Engagement
Grado de atención, curiosidad, interés, optimismo y pasión que muestra el alumnado cuando está aprendiendo o se le enseña.

El *engagement* en la gamificación, aplicado a la enseñanza, se refiere al nivel de participación activa, motivación y conexión emocional que experimenta el alumnado al participar en actividades gamificadas y juegos.

Es el grado en el que los estudiantes sienten atracción, compromiso y entusiasmo durante el proceso de aprendizaje, a través de la implementación de elementos y mecánicas de juego.

El *engagement* en la gamificación educativa promueve la motivación intrínseca y se invita al alumnado a que se involucren activamente en las actividades: les predispone a persistir y superar desafíos, con el fin de alcanzar los objetivos de aprendizaje establecidos.

NOTA

Cuando cualquier estudiante siente compromiso con la actividad, muestra realmente una predisposición a aprender.

En un sistema gamificado, **el *engagement* puede medirse** teniendo en cuenta los siguientes **factores:**

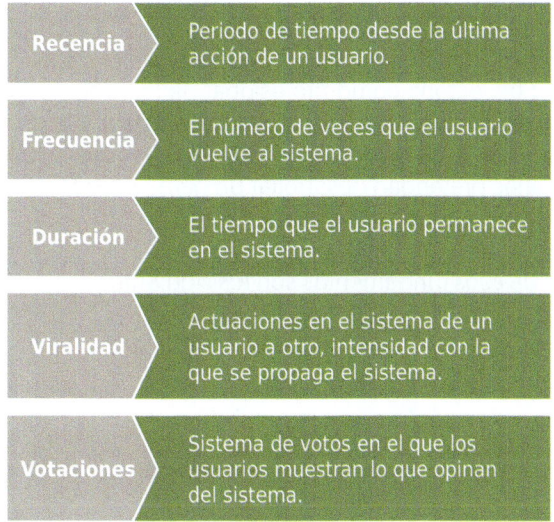

Recencia	Periodo de tiempo desde la última acción de un usuario.
Frecuencia	El número de veces que el usuario vuelve al sistema.
Duración	El tiempo que el usuario permanece en el sistema.
Viralidad	Actuaciones en el sistema de un usuario a otro, intensidad con la que se propaga el sistema.
Votaciones	Sistema de votos en el que los usuarios muestran lo que opinan del sistema.

Fundamentos de la diversión

Recordemos que, para realizar una actividad gamificada que produzca *flow* y *engagement,* es necesario que logremos que dicha actividad sea divertida, a la vez que educativa. Jon Radoff es un autor y diseñador de videojuegos de gran prestigio que ha desarrollado su carrera en torno a las comunidades virtuales y los juegos de ordenador.

La diversión es un factor imprescindible en toda experiencia de juego.

Desde su trayectoria como profesional de los videojuegos, ha reconocido un conjunto de elementos comunes a los juegos y la gamificación, conocidos como "los 42 fundamentos de la diversión", que resultan inspiracionales para quienes pretendan desarrollar un *game-based learning* o aplicar la gamificación en el aula.

Algunos de esos fundamentos son los siguientes:

Aventura	Competencia	Cooperación	Creatividad
Desafío	Descubrimiento	Diversión	Estrategia
Exploración	Inmersión	Innovación	Interacción
Intriga	Logro	Narrativa	Personalización
Progresión	Recompensa	Riesgo	Socialización

 **EJEMPLO**

Dragon Box es un *pack* de juegos educativos que enseñan conceptos matemáticos de manera divertida y accesible. Los juegos se centran en resolver

Continúa en página siguiente >>

<< Viene de página anterior

ecuaciones matemáticas y álgebra de una manera que resulta intuitiva para cada estudiante. Estos juegos han demostrado ser efectivos para enseñar matemáticas y han sido ampliamente elogiados por su enfoque lúdico. Está destinado para niños/as de cinco años en adelante. Si quieres profundizar en estos juegos, accede desde aquí:

https://redirectoronline.com/ssce180306

Sistema PBL *(Points, Badgets, Leaderboards)*

Para no caer en la repetición de entrega sistemática de puntos en el sistema gamificado, el personal docente puede recurrir al sistema PBL *(Points, Badgets, Leaderboards;* puntos, insignias, tableros de clasificación). Es importante usar este sistema para definir premios y reconocimientos, de forma que, al disponer de varios reconocimientos, se otorgan a un mayor número de jugadores/as. Si se establece solo un premio, únicamente lo podrá obtener una persona. La variedad de reconocimientos genera más posibilidades de obtenerlos, lo que da lugar a una mayor motivación.

Los **elementos** del sistema **PBL** son los siguientes:

- **Puntos.** Para otorgar puntos es necesario establecer un esquema de puntuación.
  Los puntos son los elementos que permiten alcanzar los objetivos del juego. Por ejemplo, con la obtención de puntos es posible determinar una posición global, establecer la posibilidad de obtener premios, dar reconocimiento al alcanzar un número de puntos, etc.
  Una recomendación es asociar claramente los puntos al juego, y no a una calificación, pues es posible que en la mente de jugadores se encuentren asociados.
- **Insignias.** Las medallas e insignias son reconocimientos a los logros obtenidos. A mayor diversidad de insignias y medallas, mayor posibilidad de obtenerlos. Por ejemplo, si se otorgan insignias y medallas a la velocidad,

la creatividad, los niveles alcanzados, los equipos más puntuados, etc., se consigue que un mayor número de jugadores obtenga algún tipo de reconocimiento.

- **Tableros de clasificación.** Los *rankings,* tableros de clasificación o tableros de puntos se utilizan para motivar a jugadores, que ven reconocidos sus logros y los de los demás, mostrando no solo a quienes ostenten las primeras posiciones, sino a cualquier participante y el progreso según se avanza en el juego.

Con los tableros de clasificación, cualquier participante puede ver su progreso y el de los demás, identificar quién le está alcanzando, cuántos puntos necesita para ascender y superar a los siguientes, a cuántas posiciones se encuentra de los primeros puestos, etc.

 **EJEMPLO**

Bosque de fantasías es un portal web con contenidos didácticos gamificados para Educación Primaria, con juegos de lengua y literatura, matemáticas, ciencias sociales y naturales, y que cubre el currículo universal de dichas áreas a través de minijuegos en los que la narrativa desempeña un papel fundamental. Accede a él desde aquí:

https://redirectoronline.com/ssce180307

4. Marco de diseño MDA

 **HILO CONDUCTOR**

En el diseño de juegos y actividades gamificadas no se puede improvisar: es necesario tener un marco de referencia para que el personal docente pueda

Continúa en página siguiente >>

<< Viene de página anterior

conseguir sus objetivos pedagógicos, pero, sobre todo, que pueda lograr la ludificación que busca, pues sin los elementos que conectan al alumnado con la actividad, y sin la garantía de conseguir diversión, la misión habrá fracasado.

¡Acompaña a Leo en la aventura de conocer el marco de referencia para el diseño de juegos y actividades gamificadas!

La aplicación del pensamiento de juego en el aula requiere el conocimiento del marco de diseño de juegos.

Existen varios marcos según diferentes especialistas; vamos a ver uno de los más utilizados, el **marco MDA** *(Mecanics, Dinamics, Aesthetic),* desarrollado R. Hunicke, M. LeBlanc y R. Zubek, que está formado por tres ámbitos: dinámicas, mecánicas y estética.

El modelo MDA es un enfoque formal empleado para comprender los juegos y unir diseño y desarrollo del juego.

Los juegos son creados por diseñadores —cuando se trata de la enseñanza, por el personal docente—, que hace las veces de equipo de desarrollo, y, por otra parte, los juegos son consumidos por los jugadores/as, el alumnado. Las diferencias entre los juegos y otros productos de diversión y entretenimiento es que su consumo resulta relativamente impredecible, solo se conocen los eventos una vez que se está jugando. La perspectiva del juego, entonces, es distinta para quien diseña que para quien consume.

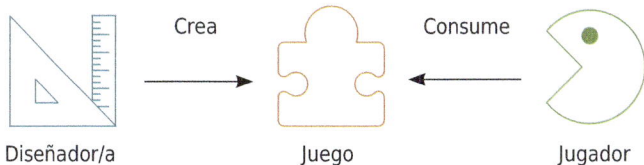

Desde esta perspectiva, el marco MDA formaliza el consumo del juego y, para ello, lo divide en distintas partes:

Estas partes del juego se materializan, en el diseño, en su contrapartida:

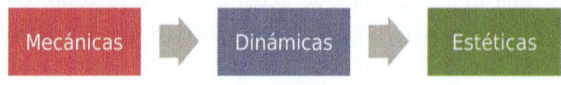

Desde el marco MDA:

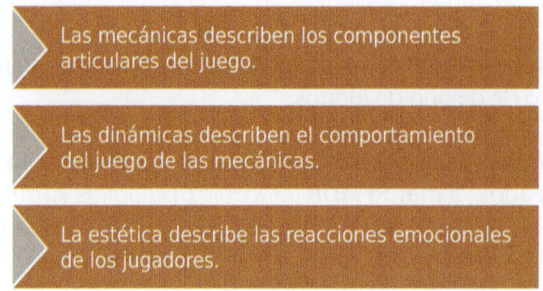

Las mecánicas describen los componentes articulares del juego.

Las dinámicas describen el comportamiento del juego de las mecánicas.

La estética describe las reacciones emocionales de los jugadores.

Cada marco del modelo se desarrolla como una perspectiva del juego. Como se ha mencionado, la perspectiva de quien diseña es distinta de la que tiene quien consume el juego.

Desde la perspectiva del diseñador, las mecánicas producen un comportamiento dinámico en el sistema, que transporta a experiencias estéticas. Sin embargo, desde la perspectiva del jugador, las estéticas son las que marcan la pauta, las emociones, la diversión, que nace de las dinámicas visibles y de las mecánicas usadas.

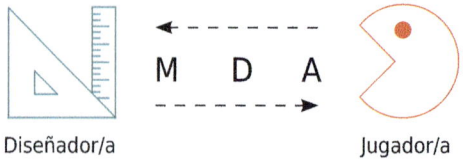

Diseñador/a   Jugador/a

El alumnado de hoy en día quiere que sus opiniones tengan valor, que en la enseñanza se empleen sus intereses, sus gustos, sus pasiones. Los estudiantes quieren crear cosas, trabajar mediante proyectos, tomar decisiones, coger el control, cooperar y competir; y esto se logra a través de ciertas dinámicas y mecánicas del juego.

◁◎▷ EJEMPLO

RPG PlayGround es una herramienta web para crear videojuegos educativos en RPG. Es gratuita y muy intuitiva, no es necesario tener conocimientos técnicos para construir juegos ni hace falta descargar ningún tipo de *software.* Es posible aplicar todo tipo de narrativas, personalizar la apariencia y las habilidades de los personajes y emplear diversos comandos para que los personajes realicen determinadas acciones, y crear un mundo inmersivo para jugar *online.* Descubre más sobre esta herramienta, accediendo desde aquí:

https://redirectoronline.com/ssce180308

El marco MDA resulta una gran herramienta práctica para diseñar una experiencia gamificada bien estructurada u otras experiencias dentro del pensamiento de juegos. Puede parecer fácil diseñar una actividad a base de sistemas de puntos, en una forma simplista de abordar el diseño; sin embargo, el marco MDA nos ayuda a estructurar y justificar los elementos del juego.

Revisemos las **tres dimensiones** del marco **MDA:**

- ➲ **Dinámicas.** Las dinámicas se refieren al diseño del comportamiento, patrones o pautas del jugador durante el juego. Marcan qué puede hacer este durante del juego, y dependen del propio jugador. Estas opciones de comportamiento están relacionadas con las mecánicas.
- ➲ **Mecánicas.** Las mecánicas hacen referencia a las reglas del juego, es decir, las acciones que pueden hacer los jugadores, y dependen del diseño del juego.
- ➲ **Estáticas.** La estética engloba los aspectos emocionales que despierta el juego como resultado de las dinámicas, en especial, la diversión. Es la parte más visible, pues se refiere a los elementos visuales y artísticos.

 **EJEMPLO**

RPTools es una herramienta de código abierto en la que puedes crear juegos de rol, pues ofrece un editor de mapas y otro de *tokens* para que puedas diseñar tus propias partidas. Lo interesante de esta página es que todo lo que hay disponible está gestionado por una gran comunidad, por lo que podemos encontrar tutoriales y comunicarnos con otros miembros. Si deseas acceder a esta herramienta, puedes hacerlo desde aquí:

https://redirectoronline.com/ssce180309

4.1. Mecánicos

Dentro del marco MDA, las mecánicas se refieren a los componentes fundamentales y las reglas del juego.

 **DEFINICIÓN**

Mecánicas
Son las interacciones y las acciones que los jugadores pueden realizar dentro del juego, cómo interactúan con el entorno del juego y cómo se resuelven los diversos desafíos.

Las mecánicas se encargan de proveer un *feedback* positivo al alumnado, promueven el progreso y fomentan la diversión.

Estas mecánicas cumplen funciones clave, como proporcionar desafíos, establecer las posibilidades de acción, generar interacciones, establecer objetivos y recompensas, y regular la progresión y la dificultad del juego.

⊕ PARA SABER MÁS

Si deseas saber sobre una página web donde encontrar una gran cantidad de programas de *software* libre para docentes, te aconsejamos consultar "Ayuda para maestros". Dispone de una sección de juegos educativos y los recursos están ordenados por asignaturas. Conócela en profundidad accediendo desde aquí:

https://redirectoronline.com/ssce180310

A continuación, veremos una lista con las principales mecánicas aplicables a la gamificación:

- ➲ **Puntos.** Los puntos se consiguen cuando se realiza alguna acción, ayudan al jugador a conocer su progreso y sirven como retroalimentación inmediata.
  Los puntos se conectan con los premios y se clasifican en cinco tipos:

  - ◐ **Puntos de experiencia:** muestran el rango y el rendimiento del jugador sobre conocimientos concretos.
  - ◐ **Puntos reembolsables:** son puntos que se pueden cambiar por recompensas externas. También se conocen como monedas virtuales.
  - ◐ **Puntos de habilidad:** se consiguen por acciones específicas relacionadas con las habilidades.
  - ◐ **Puntos de karma:** se adquieren cuando se realizan ciertas actitudes o conductas.
  - ◐ **Puntos de reputación:** indican la integridad del jugador y se utilizan para establecer un grado de confianza, por ejemplo, para hacer alianzas.

- **Niveles.** Los niveles dividen el juego en etapas, según el progreso de los jugadores o la adquisición de habilidades y destrezas.
  Se distinguen tres tipos de niveles:

  - **De progreso:** estructuran el juego en misiones, que se hacen más difíciles al llegar al final del juego.
  - **De estado:** indican el nivel de experiencia o destreza.
  - **Según el tipo de dificultad:** el jugador elige el grado de dificultad del juego (fácil, intermedio, difícil).

- **Retos.** Los retos consisten en una serie de tareas que necesitan un esfuerzo para ser resueltas.
  Conllevan una recompensa y generalmente se construyen bajo un sistema de puntos.
- **Bienes virtuales.** Los puntos y las monedas virtuales pueden ser utilizados para comprar dentro del juego.
  Los bienes virtuales pueden consistir en mejoras de los personajes, armas, transacciones por mejoras en el juego para alcanzar los objetivos del nivel, etc.
- **Tablas de clasificación.** Las tablas de clasificación, o *rankings,* son listas en las que aparece información sobre los jugadores y su puntuación, ordenados de mayor a menor.
- **Regalos.** Elementos del juego que pueden ser compartidos con otros jugadores, por ejemplo, medicinas que alargan la vida, monedas y bienes virtuales.
- **Logros.** Los logros son metas especiales o hitos que los jugadores pueden alcanzar a medida que progresan en el juego. Pueden representar habilidades adquiridas, desafíos superados o conocimientos dominados.
- **Recompensas virtuales.** Insignias, medallas, avatares personalizables o elementos virtuales que se utilizan a modo de recompensa por logros obtenidos, misiones cumplidas, niveles superados, etc.
- **Competición y cooperación.** La competición se produce cuando los oponentes intentan impedir la victoria del otro, consiguiendo mejores resultados.
  La cooperación implica trabajar con los otros para alcanzar los objetivos.
  Competición y cooperación son elementos que potencian las dinámicas sociales y que fomentan la motivación cuando existe un equilibrio, pues una competición excesiva desmotiva a algunos usuarios.
- **Retroalimentación constante.** A través del *feedback* frecuente se informa al alumnado sobre su progreso hacia la meta del juego.
  Gracias a la retroalimentación constante, el alumnado es guiado por los objetivos del juego.
  En la retroalimentación también se pueden incluir pistas hacia las opciones correctas.

Una de las formas de retroalimentación más utilizadas es la recompensa, a través de puntos, insignias, avatares personalizados, privilegios, etc.

⮞ **Turnos.** Es una de las mecánicas clásicas, consistente en que se alterna la participación y se sigue un orden.

 **EJEMPLO**

Face Cam es una herramienta que convierte la imagen de un selfi en un avatar 3D. Descubre más sobre ella accediendo desde aquí:

https://redirectoronline.com/ssce180311

En la siguiente tabla se puede observar la relación entre las mecánicas y la motivación intrínseca, relacionando los tipos de mecánicas con la principal aspiración que satisface, aunque pueda cubrir, de forma secundaria, otras aspiraciones:

Mecánicas	Aspiraciones
Puntos	Recompensas
Niveles	Estatus
Retos	Logros
Bienes virtuales	Autoafirmación
Clasificación	Competición
Regalos	Altruismo

EJEMPLO

SGAME es una plataforma gratuita para la creación de juegos web educativos. Está pensada para docentes, cuenta con una gran comunidad y pueden integrarse los recursos educativos ya creados por miembros de la comunidad. La plataforma ofrece juegos ya confeccionados basados en los más tradicionales, como *Pac-man* o *Super Mario Bros.* El personal docente puede incluir objetos educativos que el alumnado tendrá que obtener para pasar un evento con éxito. Por ejemplo, responder un cuestionario al perder una vida. Esta plataforma ha sido desarrollada por la Universidad Politécnica de Madrid, dentro del proyecto de innovación educativa financiado por la Convocatoria 2016 de "Ayudas a la innovación educativa y a la mejora de la calidad de la enseñanza". Si deseas conocerla más en profundidad, puedes acceder a ella desde aquí:

https://redirectoronline.com/ssce180312

PARA SABER MÁS

Lee un artículo donde se dan a conocer las propiedades de *SGAME*, a través del análisis de un juego desarrollado en la plataforma. Podrás ver que el juego evaluado resultó altamente efectivo en términos de motivación y resultados de aprendizaje. Para ello accede desde aquí:

https://redirectoronline.com/ssce180313

APLICACIÓN PRÁCTICA

Como docente que pretende diseñar juegos y actividades gamificadas, debes aprovechar los beneficios de la actividad lúdica en educación, pues resulta fundamental diseñar juegos que resulten satisfactorios para el alumnado. Una vez que conozcas las características de tu grupo, puede diseñar juegos que se adapten a sus características.

Conecta las aspiraciones de los usuarios de juego con las mecánicas que les resultan satisfactorias.

Aspiraciones	Mecánicas
Recompensas	Bienes virtuales
Estatus	Clasificación
Logros	Niveles
Autoafirmación	Puntos
Competición	Regalos
Altruismo	Retos

Solución

La conexión correcta de aspiraciones con mecánicas de juego es la siguiente:

Mecánicas	Aspiraciones
Puntos	Recompensas
Niveles	Estatus
Retos	Logros
Bienes virtuales	Autoafirmación
Clasificación	Competición
Regalos	Altruismo

Continúa en página siguiente >>

<< Viene de página anterior

La selección de las mecánicas resulta fundamental para un diseño de juego exitoso. Una selección adecuada generará satisfacción en el alumnado, lo que le mantendrá motivado, producirá *engagement* y facilitará el aprendizaje significativo.

Siguiendo la taxonomía de Bartle, los tipos de usuarios sienten motivación por distintas mecánicas.

Veamos qué mecánicas satisfacen los gustos de los cuatro **tipos de jugadores:**

➲ *Killers:*

- ◑ **Retos:** buscan desafíos competitivos, especialmente aquellos que les permiten probar su habilidad contra otros jugadores.
- ◑ **Tablas de clasificación:** les encantan las mecánicas que muestran su dominio y rango en comparación con otros jugadores.
- ◑ **Competición:** prefieren juegos que enfatizan la competencia directa y les permiten ganar sobre los demás.
- ◑ **Logros:** valoran especialmente los logros que reconocen hazañas competitivas, como derrotar a un gran número de jugadores.

➲ *Achievers:*

- ◑ **Retos:** les gustan los desafíos claros con objetivos definidos, especialmente aquellos que culminan en un reconocimiento de su éxito.
- ◑ **Bienes virtuales:** prefieren artículos que simbolizan el logro y el estatus, como equipo raro o de alto nivel.
- ◑ **Tablas de clasificación:** les motiva estar en la cima de las tablas de clasificación como reconocimiento de su éxito.
- ◑ **Logros:** los logros son fundamentales, ya que les proporcionan metas concretas para alcanzar.
- ◑ **Recompensas virtuales:** valorarán las recompensas que reflejen sus logros, como títulos exclusivos o acceso a contenido privilegiado.
- ◑ **Cooperación:** pueden disfrutar de la cooperación si les ayuda a alcanzar sus metas de logros personales.
- ◑ **Retroalimentación constante:** necesitan saber que están progresando hacia sus objetivos, por lo que la retroalimentación continua es importante para ellos.
- ◑ **Turnos:** pueden preferir juegos por turnos que les permitan optimizar sus estrategias para maximizar la eficiencia en el logro de objetivos.

⊃ *Socializers:*

◊ **Regalos:** les encantan las mecánicas que les permiten interactuar con otros jugadores de formas positivas, como dar y recibir regalos.
◊ **Recompensas virtuales:** prefieren recompensas que puedan compartir o mostrar a sus amigos, como decoraciones para espacios comunes o mascotas.
◊ **Cooperación:** disfrutan de juegos que requieren que trabajen en equipo con otros jugadores para lograr objetivos comunes.
◊ **Retroalimentación:** aprecian la retroalimentación sobre cómo sus acciones afectan a otros jugadores y a la comunidad en general.

⊃ *Explorers:*

◊ **Bienes virtuales:** prefieren bienes que les ayuden a explorar o acceder a nuevas áreas, como mapas o llaves.
◊ **Retroalimentación constante:** disfrutan de obtener información sobre cómo sus acciones exploratorias han resultado en descubrimientos únicos o han influido en el entorno del juego.
◊ **Turnos:** pueden disfrutar de juegos por turnos que les permiten tomar tiempo para pensar y planificar sus estrategias de exploración.

 TAREA 4

Como docente, te resulta interesante conocer qué mecánica despierta la motivación y el interés de tu alumnado.

Supongamos que haces un cuestionario a tu clase y descubres que la mayoría se podría categorizar, según la taxonomía de Burtle, en *socializers* (socializadores).

¿Qué mecánicas de juego podrías incluir en tus actividades lúdicas aplicadas a la enseñanza para despertar su interés?

4.2. Dinámicos

Las dinámicas son los elementos del juego que forman la estructura interna del sistema gamificado, los aspectos más globales a los que se dirige la gamificación.

DEFINICIÓN

Dinámicas

Patrones de comportamiento que surgen de las mecánicas de un juego. Están relacionadas con los objetivos, efectos y motivaciones que se pretenden conseguir en el alumnado. Se basan en los deseos básicos, como el reconocimiento o el logro.

- -

Se sitúan en la cúspide de un sistema gamificado: son la estructura oculta que da coherencia a todo el proyecto.

No son lo mismo que las reglas. Cada juego tiene unas reglas concretas, pero las dinámicas se refieren a los patrones y pautas presentes en todos los juegos, de forma implícita. Para desarrollar estas dinámicas se emplean las mecánicas de juego.

A través de las dinámicas se consigue el *engagement* con el juego.

Se reconocen **cinco categorías de dinámicas** de juego:

Restricciones	Las reglas que los jugadores deben seguir, los límites, Por ejemplo, los límites de tiempo.
Emociones	La forma en la que el juego genera sentimientos: alegría, frustración, satisfacción.
Narrativa	La historia, el argumento del juego, el contexto que da sentido a las acciones.
Progresión	La forma en la que los jugadores avanzan o sus personajes se desarrollan en el juego.
Relaciones	Las relaciones que jugadores desarrollan entre sí, la forma de interaccionar.

 EJEMPLO

Smartick es una plataforma educativa de actividades gamificadas en matemáticas y lectura, destinada a niños de cuatro a catorce años. La usan tanto docentes como familias y permite un seguimiento de cada participante. Conócela accediendo a ella desde aquí:

https://redirectoronline.com/ssce180314

4.3. Componentes

Los componentes se sitúan en el nivel en el que se implementan las dinámicas y las mecánicas.

Estos elementos, junto con la estética o el diseño gráfico del sistema, crean la experiencia del jugador. Un buen número de especialistas en la materia incluyen en este nivel la estética.

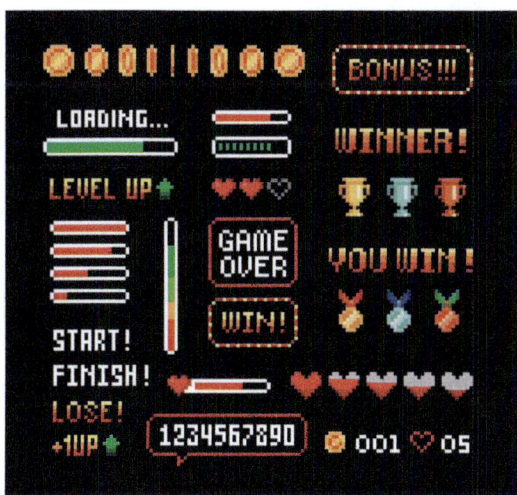

Los componentes son los elementos en los que se materializan las dinámicas y las mecánicas.

Los **componentes** que se emplean más frecuentemente en gamificación son:

- **Aleatoriedad.** Eventos inesperados que suceden al azar.
- **Avatares.** Representaciones visuales de los jugadores.
- **Barras de progreso.** Representaciones gráficas, en forma de barra o similar, que indica el progreso en el juego, cuánto falta para terminar de nivel o finalizar la partida.
- **Barras de vida.** Representaciones gráficas, en forma de barra o similar, que indican la duración de la vida, la salud o la energía.
- **Bienes virtuales.** Objetos que se van recolectando o comprando a lo largo del juego y que se utilizan para mejorar las habilidades, conseguir poderes especiales o customizar los personajes.
- **Catálogo.** Colección de objetos que se pueden recolectar durante el juego, como un conjunto de emblemas, de armas.
- **Clanes.** Grupos de jugadores que tienen objetivos comunes, que hacen las misiones en equipo.
- **Combates.** Luchas entre jugadores o contra personajes del juego. Su duración es breve.
- **Comercio virtual.** Mercado virtual en el que se pueden intercambiar objetos recolectables, como monedas, por objetos como armas, suministros de vida o complementos para los personajes.
- **Cuenta atrás.** Reloj que marca el tiempo que falta para terminar la misión, finalizar el nivel, el juego. Se usa también un reloj de arena, una cuenta atrás, la mecha de una bomba...
- **Destrezas.** Los personajes del juego presentan habilidades específicas que les caracterizan, como ser arquero, maga, ser invisible, correr a gran velocidad...
- **Donaciones.** Posibilidad de compartir recursos, por ejemplo, dar vida a otro jugador, medicina, un arma...
- **Emblemas o medallas.** Representaciones de los logros conseguidos. Suelen ser coleccionables.
- **Huevos de Pascua.** Sorpresas que están escondidas en el juego, bienes virtuales extra.
- **Interacciones sociales.** Chats, foros y otras herramientas que permiten la comunicación entre jugadores/as.
- **Inventario.** Menú en el que se pueden ver los objetos recolectados, las medicinas, etc.
- **Llaves.** Dan acceso a zonas especiales o armas, abren nuevos niveles, contenido extra...
- **Logros.** Éxitos conseguidos a lo largo del juego.
- **Misiones.** Desafíos predefinidos con los que se obtienen objetos y recompensas.
- **Mundo.** Representa los límites imaginarios del juego. Se puede representar en un mapa.

- **Niveles y desbloqueo.** Niveles o etapas que los participantes pueden desbloquear a medida que progresan.
- ***Power up.*** Poder extremo o ilimitado durante un periodo corto de tiempo, como invisibilidad o invencibilidad.
- **Puntos.** Valor numérico que refleja la progresión del jugador.
- **Reglas.** Las normas que rigen el juego, y que pueden encontrarse en un manual, en un tutorial, etc.
- **Retos épicos.** Retos especiales para jugadores de alto nivel.
- **Tablas de clasificación.** Representación visual de la clasificación del jugador respecto a los demás en el juego.

 **EJEMPLO**

Cerebriti es una plataforma en la que tanto el alumnado como el personal docente puede crear juegos de forma colaborativa en unos minutos, y sin necesidad de saber programación ni conocimientos técnicos. Además, se puede acceder y jugar a los juegos que ya ha desarrollado la comunidad de participantes. Accede a ella para conocerla en profundidad desde aquí:

https://redirectoronline.com/p2szw

 **APLICACIÓN PRÁCTICA**

Como docente que va a diseñar juegos y actividades gamificadas en su aula, debes saber que, para aplicar modelos de diseño de actividades gamificadas, es necesario plasmar los distintos aspectos del juego, por lo que resulta fundamental diferenciar las mecánicas, las dinámicas y los componentes.

Continúa en página siguiente >>

<< Viene de página anterior

Demuestra tus conocimientos conectando cada elemento del juego con su correspondiente categoría, diferenciando las mecánicas, las dinámicas y los componentes.

Elementos del juego	Categoría
Puntos	Dinámicas
Restricciones	Mecánicas
Barras de progreso	Componentes
Niveles	Puntos
Inventario	Regalos
Narrativa	Retos

Solución:

La conexión correcta entre elementos del juego y categorías es la siguiente:

Mecánicas	Dinámicas	Componentes
- Puntos - Niveles	- Narrativa - Restricciones	- Barras de progreso - Inventario

La selección de las mecánicas resulta fundamental para un diseño de juego exitoso. Una selección adecuada generará satisfacción en el alumnado, lo que le mantendrá motivado, producirá *engagement* y facilitará el aprendizaje significativo.

 **TAREA 5**

Las mecánicas, las dinámicas y los componentes de los juegos se encuentran interrelacionados. Supongamos que quieres introducir actividades gamificadas

Continúa en página siguiente >>

<< Viene de página anterior

en tus clases. Has pasado un cuestionario a tu alumnado y has descubierto que hay un buen número de *killers,* según la taxonomía de Bartle.

Te decides a probar un poco de competición en la actividad, para motivar al alumnado. Te decantas por darle protagonismo a una mecánica basada en puntos y una dinámica basada en restricciones, por ejemplo, de tiempo, para aumentar la emoción.

¿Qué componentes del juego podrías incluir en tu actividad?

4.4. Estéticos

 HILO CONDUCTOR

En el diseño de juegos y actividades gamificadas no podemos dejar atrás los elementos estéticos, que fomentan el deleite en las actividades lúdicas. Los aspectos estéticos son tan importantes como las dinámicas, los elementos y los componentes, pues generan diversión y se encargan de que la experiencia sea emocionante.

Investiga junto con Leo los fundamentos estéticos del diseño de juegos y comprobaréis que, al aplicarlos, vuestro alumnado no solo aprende, sino que disfruta y se divierte.

Dentro del marco MDA, la estética se refiere a los aspectos visuales, narrativos, sonoros y sensoriales de un juego.

Responde a la pregunta "¿qué hace a un juego divertido?".

Algunos **elementos** de la **estética** del juego son los siguientes:

- ⮕ **Sensación.** La sensación se refiere a la respuesta sensorial que el juego evoca en el jugador. Incluye elementos visuales, auditivos y táctiles que crean una experiencia inmersiva. La estética de la sensación se centra en la estética sensorial, los gráficos, los efectos de sonido y otros aspectos que afectan directamente a los sentidos del participante. Desde esta perspectiva se vive el juego como placer.

- **Fantasía.** La fantasía hace referencia a la narrativa y las imágenes mentales que el juego evoca en el jugador. Involucra la capacidad del juego para transportarlo a un mundo imaginario y hacer que se sienta parte de una historia o contexto. La estética de la fantasía se centra en los temas, la ambientación, los personajes y la trama del juego. Desde esta perspectiva se vive el juego como imaginación.

- **Narrativa.** La narrativa engloba la historia y la estructura de eventos dentro del juego. Incluye los personajes, los diálogos, los conflictos y las metas que guían la experiencia del jugador. La estética de la narrativa se centra en la coherencia de la historia, la calidad de la escritura y la habilidad para involucrar emocionalmente al jugador. Se vive el juego como drama.

- **Desafío.** El desafío se refiere a la dificultad y la habilidad requerida para participar en el juego. Involucra la sensación de logro y superación de obstáculos que el jugador experimenta. La estética del desafío se centra en el equilibrio entre la dificultad y la satisfacción, así como en la curva de aprendizaje y el sentido de logro que el jugador experimenta al superar los desafíos. Se vive el juego como concurso de obstáculos.

- **Compañerismo.** El compañerismo es la interacción social entre los jugadores dentro del juego. Involucra la colaboración, la competencia amistosa o la cooperación. La estética del compañerismo se centra en fomentar la conexión y la interacción positiva entre los participantes. Se vive el juego como marco social.

- **Descubrimiento.** El descubrimiento implica la sensación de exploración y revelación de nuevos elementos dentro del juego. Involucra la satisfacción de descubrir secretos, desbloquear contenido oculto o experimentar eventos inesperados. La estética del descubrimiento se centra en crear un sentido de asombro y curiosidad en cada jugador a través de elementos tales como niveles diseñados para la exploración, pistas sutiles o recompensas por el descubrimiento. Se vive el juego como territorio inexplorado.

- **Expresión.** La expresión se refiere a la capacidad del jugador para expresar su creatividad y personalidad dentro del juego. Involucra la personalización de personajes, la toma de decisiones que afecten a la historia o el estilo de juego único de cada jugador. La estética de la expresión se centra en permitir la creatividad en los participantes a través de opciones de personalización, sistemas de creación o narrativas ramificadas. Se experimenta el juego como autodescubrimiento.

- **Sumisión.** El diseño estético del juego se enfoca en brindar placer, entretenimiento y diversión al jugador, a través de los siguientes elementos:

  - Aspecto visual atractivo.
  - Sonido y música agradables.

- Flujo y ritmo adecuados.
- Interfaz intuitiva y fácil de usar.
- Elementos divertidos y gratificantes.

 **EJEMPLO**

Civilization VI es un juego de estrategia que permite a los jugadores construir y gestionar civilizaciones a lo largo de la historia. Aunque no es un juego educativo en sí, ha sido utilizado en entornos educativos para enseñar historia y estrategia. El alumnado puede aprender sobre diferentes épocas históricas y tomar decisiones estratégicas que afectan el desarrollo de sus civilizaciones. Accede a ella para conocerla desde aquí:

https://redirectoronline.com/ssce180315

GameMaker es un motor de videojuegos 2D con un amplio abanico de posibilidades creativas. Se caracteriza por una interfaz sencilla que permite crear videojuegos en pocos minutos, para exportarlos a las principales videoconsolas y plataformas de videojuegos *online*. Dispone de una versión gratuita y ofrece licencias educativas. Accede a ella para conocerla desde aquí:

https://redirectoronline.com/ssce180316

ACTIVIDAD COMPLEMENTARIA

5. A lo largo de esta unidad, se han mostrado algunos recursos digitales para docentes, como generadores de juegos RPG, plataformas de realidad virtual, juegos educativos y plataformas para la creación de videojuegos.

Visita alguna de estas aplicaciones y analiza los recursos que ofrecen y cómo pueden aplicarse a vuestra práctica docente.

Experimenta alguna de ellas y comparte con el grupo tus impresiones:

- ¿En qué mecánicas y dinámicas se sustentan los juegos que se ofrecen o los que se pueden crear?
- ¿Cuáles son los componentes?
- ¿Cómo es la estética?
- ¿Cómo podrías usarlo en tu labor docente?

- -

ACTIVIDAD COMPLEMENTARIA

6. La gestión de recursos digitales resulta imprescindible para una actividad docente gamificada, pues las nuevas tecnologías forman ya parte de los centros educativos y de la vida del alumnado.

En esta unidad hemos visto varias aplicaciones de creación de videojuegos. Selecciona una e inscríbete y experiméntala. A continuación, reflexiona sobre las siguientes cuestiones:

- ¿Es fácil inscribirse?
- ¿Es una versión gratuita? ¿Qué características tiene?
- ¿Con qué funcionalidades cuenta?
- ¿Cómo son los personajes?
- ¿Se podría desarrollar un videojuego para el aula sin tener conocimientos técnicos?

- -

5. Resumen

A lo largo de esta unidad hemos podido comprender la importancia de los fundamentos del diseño de juegos, basándonos en el modelo **MDA** *(Mecanics, Dinamics, Aesthetic)*.

Hemos descubierto cuáles son los fundamentos que hacen que un juego sea divertido, significativo y consistente.

Dentro del marco MDA, las mecánicas se refieren a los componentes fundamentales y las reglas del juego:

Las dinámicas son los elementos del juego que forman la estructura interna del sistema gamificado, los aspectos más globales a los que se dirige la gamificación.

Los componentes se sitúan en el nivel en el que se implementan las dinámicas y las mecánicas:

Para terminar, hemos visto los elementos que generan más diversión. Dentro del marco MDA, la estética se refiere a los aspectos visuales, narrativos, sonoros y sensoriales de un juego.

Ejercicios de autoevaluación
Unidad de Aprendizaje 3

1. ¿Qué debe proporcionar el *feedback* en la gamificación?

    a. Una crítica negativa constante.
    b. Información constructiva para mejorar y avanzar.
    c. Solo elogios.
    d. Comparaciones con otros alumnos.

2. ¿Qué fomenta un *leaderboard* (tablero de clasificación) en un entorno de aprendizaje gamificado?

    a. Desmotivación entre quienes están en la parte baja.
    b. Competencia saludable y reconocimiento de logros.
    c. Confusión en los objetivos educativos.
    d. Estrés y competencia desleal.

3. ¿Qué otorgan las insignias y medallas en la gamificación?

    a. Sentimiento de fracaso.
    b. Posición en el *ranking* académico.
    c. Reconocimientos a los logros obtenidos.
    d. Disminución de la motivación.

4. ¿Para qué sirven los puntos en el sistema PBL?

    a. Solo para la calificación académica.
    b. Para castigar errores.
    c. Para alcanzar objetivos y reconocimientos en el juego.
    d. Para establecer un castigo.

5. ¿Qué es el *engagement* en la gamificación educativa?

    a. El nivel de estrés.
    b. El nivel de autoridad del docente.
    c. El grado de participación activa y conexión emocional.
    d. La calidad de los recursos educativos.

6. ¿Cómo se puede medir el *engagement* en un sistema gamificado?

a. Por la barra de progreso.
b. Por la recencia, frecuencia, duración y viralidad.
c. Mediante las insignias conseguidas.
d. A través del número niveles superados.

7. ¿Qué elemento ayuda al alumnado a conocer su progresión?

a. Castigos por errores.
b. Premios aleatorios.
c. Barras de progreso o elementos numéricos.
d. Huevos de Pascua.

8. En un diseño gamificado, ¿cómo deben ser estructurados los objetivos?

a. De forma aleatoria.
b. De forma decreciente en dificultad.
c. Sin estructura alguna, solo es un juego.
d. De forma secuenciada con dificultad gradual creciente.

9. Indica si la siguiente oración es verdadera o falsa: "El modelo MDA es un enfoque formal empleado para comprender los juegos y unir diseño y desarrollo del juego".

■ Verdadero
■ Falso

10. En el diseño de juegos, ¿qué describen las dinámicas?

a. Las reacciones emocionales de los jugadores.
b. El comportamiento del juego de las mecánicas.
c. Los componentes articulares del juego.
d. Los elementos que, junto con la estética o el diseño gráfico del sistema, crean la experiencia del jugador.

Uso de herramientas para la creación de un sistema gamificado

Contenido

Objetivos

El objetivo general de esta Unidad de Aprendizaje es:

→ Conocer los principales fundamentos del diseño de juegos.

Los objetivos específicos de esta Unidad de Aprendizaje son:

→ Conocer los *frameworks* de trabajo más empleados en el ámbito educativo.

→ Gestionar recursos digitales para aplicarlos en el aula.

1. Introducción

Como hemos podido comprobar. El diseño de juegos y de actividades gamificadas requiere de una metodología que se base en el fundamento de juegos.

El modelo MDA de diseño de juegos es uno de los *frameworks* (modelos de trabajo) que se emplean para diseñar actividades basadas en juegos o actividades gamificadas.

En esta unidad vamos a conocer algunos de los *frameworks* más empleados en el ámbito docente y finalizaremos conociendo divertidas utilidades, como los *breakouts* y los *escape rooms,* así como recursos digitales específicos de gamificación en el aula.

Acompaña a Leo en su aventura hacia la gamificación, conociendo los principales *frameworks* de trabajo y los recursos digitales más punteros para gamificar tu aula.

2. *Frameworks* de trabajo

 HILO CONDUCTOR

Leo está conociendo todos los elementos que debe tener un juego o una experiencia de gamificación. Poco a poco, se está adentrando en el fascinante mundo de las actividades lúdicas: ya conoce los fundamentos del diseño de juegos y ahora necesita un marco de trabajo.

Acompaña a Leo en esta expedición al siguiente nivel de su proyecto de ludificación del aula, y aprende cómo desarrollar tu proyecto de forma estructurada.

Los *frameworks* en gamificación, y en experiencias educativas basadas en juegos, aplicados a la educación son un conjunto de guías o principios para incorporar en el diseño de los elementos del juego.

Estos *frameworks* tienen la finalidad de hacer que la experiencia digital produzca *engagement,* motivación y entretenimiento.

Estas guías ofrecen una estructura y una dirección para el proceso de gamificación, de forma que garantice que el diseño es adecuado y relevante para los usuarios.

NOTA

El uso de los *frameworks no* es una exigencia del diseño de gamificación, sino un conjunto de guías que orientarán al personal docente en el desarrollo de sus diseños.

Uno de los *frameworks* más conocidos es el marco de diseño MDA de R. Hunicke, M. LeBlanc y R. Zubek, formado por dinámicas, mecánicas y estética, y que se ha podido conocer en el desarrollo de los fundamentos del diseño de juegos.

Vamos a conocer, a continuación, los *frameworks* más populares en el diseño de actividades digitales gamificadas.

2.1. Modelo Canvas

Este *framework* es empleado ampliamente en la gamificación aplicada a la empresa, pero su adaptación al ámbito educativo se encuentra muy extendida.

La gamificación modelo Canvas (lienzo) fue desarrollada por S. Jiménez para el ámbito empresarial y, posteriormente, se han realizado adaptaciones para el ámbito educativo; se trata de una herramienta que ayudará al personal docente a tener una visión global del sistema gamificado, a través de la representación visual de los diferentes pasos y recursos del sistema, como las mecánicas y las dinámicas.

El lienzo de gamificación es una plantilla en la que el personal docente organiza y estructura los elementos del juego, los componentes, los recursos y los resultados esperados.

Para que se pueda visualizar fácilmente, el lienzo de gamificación se diseña de la siguiente forma:

Modelo de Canvas de gamificación

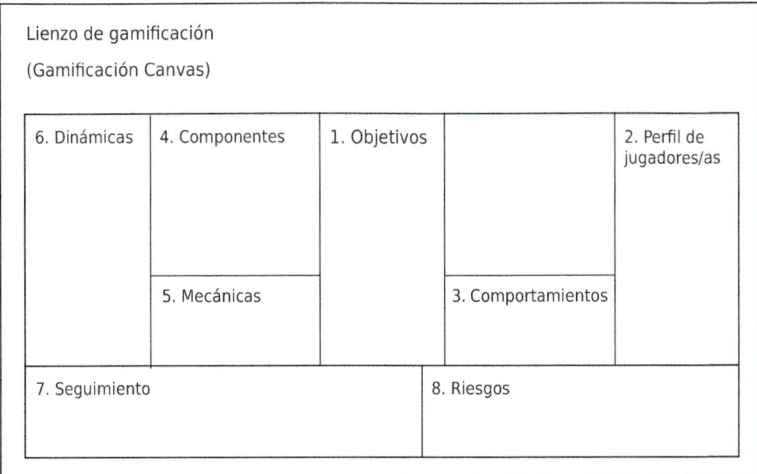

En el **lienzo** de gamificación deben aparecer los siguientes **campos:**

1. **Objetivos:** descripción de los objetivos principales.
2. **Perfil de jugadores/as:** características de los jugadores/as: qué perfil presentan, qué les interesa, qué les agrada y qué no les gusta.
3. **Comportamientos:** descripción de los comportamientos que se espera del alumnado.
4. **Componentes:** lista con los elementos que se usarán en la actividad.
5. **Mecánicas:** lista con las mecánicas que se aplicarán a la actividad.
6. **Dinámicas:** descripción de la dinámica del juego, incluyendo las restricciones, el progreso, la narrativa, etc.
7. **Seguimiento:** descripción de la forma en la que el personal docente hará el seguimiento de la actividad y de cómo el propio alumnado irá conociendo sus progresos.
8. **Riesgos:** incidentes negativos potenciales que podrían darse durante la actividad.
9. **Estética:** selección de los elementos que formarán la identidad visual, como los colores o los avatares.

2.2. Metodología Octalysis

La metodología Octalysis es un *framework,* una técnica de trabajo, que se utiliza en el mundo de la gamificación. Fue diseñado por Yu-kai Chou, un reconocido experto en gamificación y diseño de experiencias de usuario.

Frecuentemente, la gamificación no se basa tanto en hacer que las acciones sean muy divertidas como en hacerlas emocionantes, que despierten emociones.

La metodología Octalysis divide las acciones en **ocho categorías,** palancas o *drivers,* es decir, ocho motivos que mueven a los jugadores a realizar las acciones.

Conociendo los *drivers* más estimulantes para el alumnado podremos añadir las mecánicas de juego más acertadas.

Veamos cuáles son los ocho *drivers* empleados en la metodología Octalysis:

- ⮑ *Driver 1:* **el significado épico y "la llamada".** Engloba todas las mecánicas relacionadas con hacer sentir al jugador/a que sus acciones contribuyen a una causa mayor, que han sido elegidos/as para esa misión, para hacerse responsables de un cometido.
  Por ejemplo, mecánicas que engloben salvar el planeta del desastre medioambiental; salvar especies de animales; ayudar a comunidades de personas.
  Cuando no sea posible realizar grandes hazañas, se puede recurrir a la narrativa, por ejemplo, creando comunidades virtuales, mundos fantásticos, reinos perdidos.
- ⮑ *Driver 2:* **progreso y desarrollo.** Engloba todas las mecánicas que hacen sentir a jugadores/as que están progresando hacia un objetivo.
  Los sistemas gamificados deben mostrar el progreso de los jugadores/as, a través de un sistema de PBL *(points, badgets, leaderboards),* barras de progreso, logros, puntos de experiencia, etc.
- ⮑ *Driver 3:* **creatividad y *feedbak*.** Engloba todas las mecánicas que permiten expresar la creatividad y mostrarla a los demás, sobre todo, recibiendo *feedback*.
  Estas mecánicas son más difíciles de implementar, pues implica que jugadores/as participen de forma proactiva creando, pero, cuando estas dinámicas están bien activadas, hacen que la generación continua de contenido no sea aburrida, ya sea creación artística, literaria, escritura de opiniones, diseño gráfico, etc.
- ⮑ *Driver 4:* **la posesión.** Engloba todas las mecánicas que implican acumular riqueza, en sus diversas formas.

Puede consistir en acumular riqueza virtual, inútil, pero resulta que motiva a las acciones; también en acumular fichas, cromos, monedas virtuales, tarjetas, etc.

‣ *Driver 5:* **influencia social y sentimiento de pertenencia.** Engloba todas las mecánicas de cooperación, de competición; los *rankings,* etc.

Se pueden incluir aquí mecánicas como los *"likes"* de las redes sociales, la creación de comunidades virtuales, los juegos tipo *"double life",* las interacciones por redes sociales.

‣ *Driver 6:* **escasez e impaciencia.** Engloba las mecánicas en las que los recursos son limitados y el sentimiento de querer cosas (reales, virtuales o imaginarias) simplemente por el hecho de tenerlas, como los juegos tipo *Candy Crush.*

Se activan limitando los recursos, el tiempo; dividiendo los bienes virtuales por categorías, siendo algunos más difíciles. Por ejemplo, tomando bienes virtuales clasificados en las categorías diamante, oro y plata, y los elementos de la categoría diamante son escasos y difíciles de conseguir.

‣ *Driver 7:* **curiosidad y azar.** Engloba todas las mecánicas que incluyen el azar. La sensación de sorpresa puede ser adictiva, emocionante.

Si al realizar una acción, que tiene distintas opciones de respuesta, resulta que una puede ser una recompensa, causa el efecto de emocionar y motivar a la acción.

‣ *Drivor 8:* **miedo a la pérdida**. Engloba todas las mecánicas que incluyen el temor a perder el patrimonio acumulado, o a sufrir consecuencias negativas en el juego.

Es el opuesto a la palanca de posesión, de acumular riqueza.

Por ejemplo, mecánicas que incluyan que, al subir de nivel, se alcancen unos privilegios. Se puede accionar esta palanca por temor a perder estos privilegios si no se mantiene el nivel de juego.

Los distintos tipos de jugadores sienten **atracción** por **palancas específicas:**

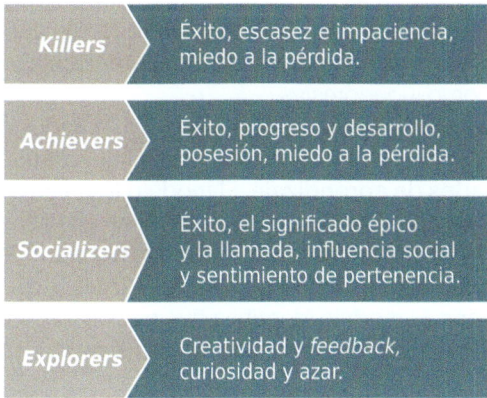

Killers	Éxito, escasez e impaciencia, miedo a la pérdida.
Achievers	Éxito, progreso y desarrollo, posesión, miedo a la pérdida.
Socializers	Éxito, el significado épico y la llamada, influencia social y sentimiento de pertenencia.
Explorers	Creatividad y *feedback,* curiosidad y azar.

APLICACIÓN PRÁCTICA

Como docente que pretende aplicar un proceso gamificado en el aula, necesitas conocer las palancas o *drivers* que más activen a tu alumnado. Imagina que le pasas un cuestionario a tu clase y la mayoría se clasifica como *explorers*, según la taxonomía de Bartle. Si tomaras como referencia la metodología Octalysis, ¿qué mecánicas potenciarías en mayor medida?

Solución

En el caso de usuarios/as de juego que se clasifiquen como *explorers,* es recomendable potenciar las palancas o *drivers* creatividad y *feedback,* curiosidad y azar: porque se trata de un perfil con poco interés en el éxito o la competición; prefieren explorar sin límites de tiempo y desarrollar actividades en las que puedan expresar su creatividad, recibir *feedback* por lo que hacen; disfrutan con la sorpresa y el azar, los elementos aleatorios.

Modelo LEGA

El modelo LEGA fue desarrollado por Aldeón, Rodríguez y Puig, y es un enfoque centrado en los estudiantes. Su objetivo es combinar los aspectos educativos con las mecánicas del juego para motivarlos y conseguir un alto *engagement.*

Las **características** del modelo LEGA son las siguientes:

- ⮞ **Enfoque centrado en el/la estudiante.** Cada alumno es el centro del modelo, que considera los estilos de aprendizaje y los roles que desempeñan como jugadores/as.
- ⮞ **Resultados.** El punto de partida son los resultados esperados, que guían la selección de las mecánicas de juego más adecuadas.
- ⮞ **Actividades de aprendizaje.** El modelo toma en consideración las actividades de aprendizaje que se desarrollan en el aula y las transforma en experiencias gamificadas, procurando que sean desafiantes, interesantes y relevantes.
- ⮞ **Mecánicas.** El modelo identifica qué mecánicas son las más adecuadas para cada actividad de aprendizaje gamificada.

El *framework* de gamificación LEGA está compuesto por los siguientes **elementos:**

- ⊃ **L** → *Learning* (**aprendizaje**). El aprendizaje se encuentra en el corazón de la gamificación. Los elementos del juego tienen la finalidad de convertir el proceso de enseñanza-aprendizaje en una experiencia positiva, atractiva y motivadora.
- ⊃ **E** → *Engagement* (**compromiso**). La gamificación se enfoca en involucrar activamente a los/las estudiantes, de fomentar su compromiso y su atención, a través de mecánicas como desafíos y recompensas para mantener su interés.
- ⊃ **G** → *Goals* (**objetivos**). La gamificación establece unas metas claras y específicas, alcanzables para los/las estudiantes. Los objetivos pueden establecerse tanto a corto como a largo plazo.
- ⊃ **A** → *Achievement* (**logro**). La gamificación reconoce y recompensa los logros de los/las estudiantes, empleando sistemas de puntos, medallas o insignias para reconocer los progresos y éxitos, para lograr una sensación de logro.

 PARA SABER MÁS

Puedes profundizar sobre el modelo LEGA, de mano de sus propios autores, J. Baldeón, I. Rodríguez y A. Puig, con una publicación que forma parte del "XVII Congreso Internacional de Interacción Persona-Ordenador. Interacción 2016". Para ello accede desde aquí:

https://redirectoronline.com/ssce180403

- -

2.3. *Framework* 6D

El modelo 6D de gamificación es una metodología desarrollada por K. Werbach, basado en una lista de comprobación que sirve de apoyo al proceso de gamificación. En principio fue desarrollado para el ámbito empresarial, pero su adaptación al ámbito de la enseñanza se encuentra muy extendido.

Los **6 pasos** de la lista de verificación son los siguientes:

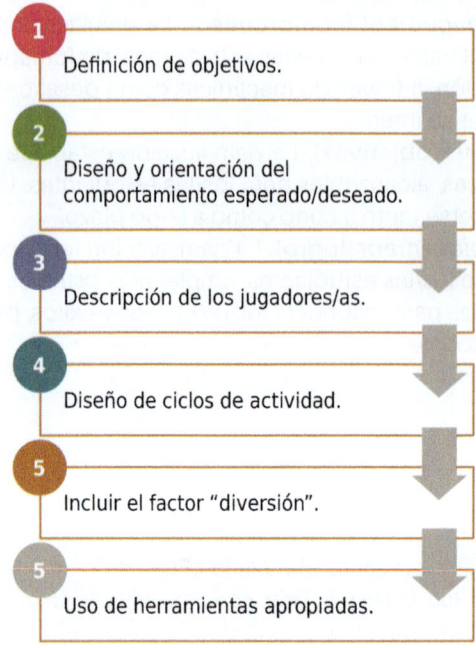

1. Definición de objetivos.
2. Diseño y orientación del comportamiento esperado/deseado.
3. Descripción de los jugadores/as.
4. Diseño de ciclos de actividad.
5. Incluir el factor "diversión".
5. Uso de herramientas apropiadas.

 **EJEMPLO**

Ta-Tum es una plataforma educativa en la que se utiliza la gamificación para motivar a la lectura. Está destinada a Primaria y Secundaria, y ofrece un conjunto de actividades gamificadas, una biblioteca digital donde acceder a todos los libros de la plataforma y un sistema de seguimiento para el personal docente. Accede desde aquí para conocerla:

Continúa en página siguiente >>

<< Viene de página anterior

https://redirectoronline.com/ssce180404

2.4. Otros *frameworks*

Los *frameworks* son muy diversos, se puede decir que quizá hay tantos como experiencias de juego, y frecuentemente el personal docente combina los modelos o diseña los suyos propios.

Hemos visto los más reconocidos y ahora vamos a realizar una **revisión de otros *frameworks*** que tienen algunos puntos en común con los modelos expuestos:

- ⮞ **K6 Framework. J.** Simoes, junto con otros coautores, propuso un marco de trabajo en su trabajo *A Social Gamification Framework for a K-6 Learning Platform* (2015). Este *framework* está diseñado para el nivel K6 estadounidense, que viene a representar hasta 6.º de Primaria en España. Tiene como objetivo integrar elementos comunes de los videojuegos en entornos de aprendizaje social para mejorar la motivación y los resultados de aprendizaje de los estudiantes. El *framework* aplica el pensamiento y los elementos de los juegos, incluyendo la orientación hacia metas, los logros, el refuerzo, la competencia y la diversión.
  Por ejemplo, *Dyson´s Dodecahedron* es un portal web en el que podemos encontrar diversos editores y generadores de mapas, así como de personajes, para emplearlos en las actividades gamificadas o los juegos de rol.
- ⮞ **Framework FRAGGLE.** El *framework* "Marco de trabajo para la gamificación ágil de experiencias de aprendizaje", conocido por sus siglas en inglés FRAGGLE *(Framework for agile gamification of learning experiences),* fue desarrollado por A. Mora, P. Zaharias, C. González y J. Arnedo-Moreno. Su objetivo es facilitar la gamificación de experiencias de aprendizaje de manera ágil.
  El modelo FRAGGLE se basa en dividir una experiencia de juego en fragmentos pequeños e independientes, proporcionando retroalimentación

instantánea y fomentando un sentido de logro constante para mantener la motivación de los jugadores/as.

Los **principios** del modelo FRAGGLE son los siguientes:

- Definición de objetivos.
- Identificación de elementos de gamificación.
- Diseño de actividades gamificadas.
- Interacciones ágiles.
- Evaluación.
- Retroalimentación y recompensas.
- Mejora continua.

El *framework* utiliza la metodología ágil para realizar interacciones rápidas y frecuentes en el diseño y desarrollo de las actividades gamificadas. Esto permite obtener retroalimentación del alumnado y realizar ajustes en tiempo real con el objetivo de mejorar la experiencia de aprendizaje.

Por ejemplo, *Duolingo para Escuelas* es la versión gratuita de esta aplicación, destinada a centros educativos. Se usa en forma de tablero que aparece dentro de la cuenta de *Duolingo* del personal docente, permitiéndole crear salones de clases y actividades, realizando un seguimiento del alumnado.

➲ **Diseño centrado en el usuario/a (UCD).** El modelo UCD se centra en la investigación y comprensión profunda de los usuarios/as, incluyendo sus metas, habilidades, limitaciones y preferencias. El diseño centrado en el usuario/a *(User-Centered Design,* UCD) pone al usuario/a en el centro del proceso de diseño. Se basa en comprender y atender las necesidades, deseos y características de los usuarios/as para crear productos, servicios o experiencias que sean intuitivos, efectivos y resulten, además, satisfactorios.

Para conocer en profundidad a los jugadores/as, es decir, al alumnado, se emplean técnicas de investigación, como entrevistas, encuestas y análisis de tareas. Asimismo, se llevan a cabo pruebas de usabilidad y evaluaciones con usuarios/as reales para identificar problemas y mejorar el diseño.

Por ejemplo, *Tiching* es una plataforma educativa en línea que utiliza gamificación para motivar a los/las estudiantes a aprender. Ofrece una amplia variedad de recursos educativos y ha sido ampliamente aceptado en escuelas de toda España.

PARA SABER MÁS

Si deseas seguir profundizando en experiencias gamificadas en la etapa Infantil, puedes leer un interesante proyecto basado en superación de retos. Para ello accede desde aquí:

https://redirectoronline.com/ssce180426

3. Utilidades

 HILO CONDUCTOR

Una vez que Leo ha conocido distintos modelos y guías para estructurar sus juegos y utilidades, se decide a probar recursos digitales específicos en gamificación para realizar un buen repositorio de recursos. Ya conoce muchos juegos educativos y plataformas: es el momento de pasar al siguiente nivel.

El personal docente que aplique las nuevas tecnologías en sus experiencias de juego y actividades gamificadas necesita un repositorio de recursos, para seleccionar aquellos que le sean más interesantes y aquellos que sean más adecuados a las necesidades de su clase. Distintas edades y distintas habilidades digitales requieren una atención personalizada.

Vamos a ver en este punto dos recursos muy populares entre el alumnado: el *breakout* educativo, una especie de *microlearning,* y el *escape room,* que se ha vuelto muy popular en los últimos años.

3.1. *Breakout* educativo

Un *breakout* educativo es una actividad de aprendizaje basado en juegos en la que el alumnado debe superar una serie de retos o misiones, como abrir una sucesión de candados o una caja cerrada, ya sea en la clase, en un entorno virtual o combinando lo presencial con herramientas digitales. Esta dinámica a menudo se plantea como un juego de equipo, con un tiempo limitado para resolver los desafíos, aunque esto no es siempre necesario.

En esencia, el objetivo es abrir una caja, y para ellos deben encontrar candados misteriosos, que se abren cuando resuelven acertijos. Los candados se usan frecuentemente para acertijos matemáticos y de palabras. También se consiguen abrir usando llaves escondidas, que tendrán que encontrar a partir de pistas.

El *breakout* consiste en abrir una caja resolviendo misterios, y el *escape room* tiene como objetivo salir de una habitación o un edificio. A veces se combinan ambos juegos, y puede tratarse tanto de eventos fantásticos como de simulaciones.

Los breakouts se basan en abrir cajas misteriosas y candados, pero ¿cómo se consiguen las llaves? Superando retos y desafíos.

Los retos planteados en un *breakout* educativo varían según los objetivos académicos, pero, en general, se trata de dinámicas que el personal docente utiliza frecuentemente. Se puede decir que es una **experiencia de microlearning, pero gamificada.**

NOTA

El secreto de un *breakout* educativo radica en el *storytelling* o la historia que se utiliza para transmitir las preguntas.

Un *breakout* crea una narrativa con personajes, recursos escénicos, efectos sonoros y un sistema de recompensas que contribuye a lograr que el alumnado se involucre en el juego. Es la combinación de *storytelling* y gamificación. Al proponer un desafío de este tipo, el alumnado se divierte y se emociona, lo que da lugar a un aprendizaje significativo.

IMPORTANTE

Es fundamental tener en cuenta que un *breakout* no es la estrategia más adecuada en todos los momentos del proceso de aprendizaje. Por ejemplo, puede no ser lo mejor para explicar un nuevo concepto, pero es perfecto para activar los conocimientos previos que cada estudiante tiene sobre ese concepto y repasarlo una vez que se ha explicado. Esto ayuda a consolidar el conocimiento y facilita su recuerdo.

El *breakout* educativo se puede adaptar a cualquier contenido didáctico, incluso es posible combinar desafíos que pongan a prueba los conocimientos de diferentes materias.

PARA SABER MÁS

Genially dispone de una gran diversidad de plantillas de *breakouts* educativos, categorizados por temática (misterio, fantasmas, castillos, etc.) o disciplina académica. Se trata de diseños interactivos y animados, 100 % personalizables, que se pueden compartir y publicar *online*. Además, pueden ser descargados en diversos formatos. Accede desde aquí para descubrir más sobre ella:

Continúa en página siguiente >>

<< Viene de página anterior

https://redirectoronline.com/ssce180405

3.2. *Escape room*

Un *escape room* educativo es una forma de gamificación, o una simulación, que se utiliza en el proceso de enseñanza, en la cual el alumnado participa en una experiencia contextualizada en una historia o narrativa.

Durante esta experiencia, siguen pistas y utilizan sus habilidades intelectuales y físicas para resolver enigmas o problemas cada vez más desafiantes con el objetivo de salir de un aula, o de un espacio virtual, dentro de un tiempo establecido.

El *escape room* educativo puede llevarse a cabo con toda la clase o dividirse en grupos más pequeños de cuatro a seis personas, y puede tener enfoques colaborativos o competitivos.

 **NOTA**

Los *escape rooms*, junto con los *breakouts* educativos, pertenecen a los llamados "juegos de fuga".

Estas actividades se caracterizan por ser **muy versátiles,** ya que los acertijos y desafíos pueden adaptarse sin problemas a todos los niveles y a diferentes asignaturas, fomentando la interdisciplinariedad.

Además, pueden combinarse con otras técnicas educativas para enriquecer el aprendizaje. Un aspecto destacado del *escape room* educativo es que puede realizarse tanto en formato físico como virtual, e incluso se pueden combinar ambas modalidades.

Los escape rooms se caracterizan por la presencia de acertijos, problemas que resolver, candados y un tiempo limitado.

 PARA SABER MÁS

Puedes inspirarte visitando *Escape Room Lover*, donde encontrarás más de 70 planes gratuitos para jugar en solitario o en equipo. Para ello accede desde aquí:

https://redirectoronline.com/ssce180406

Cada vez más docentes recurren al *escape room* educativo, no solo para innovar en sus clases, sino también por los **beneficios** que ofrece:

- ➲ Proporciona un aprendizaje experiencial, el alumnado aprende haciendo.
- ➲ Estimula el pensamiento lógico y el razonamiento.

⊃ Ayuda a desarrollar competencias transversales, como el trabajo en equipo, la resolución de problemas, la capacidad de reaccionar ante situaciones de presión, la comunicación, la constancia y la creatividad, etc.

⊃ Permite adquirir y mejorar habilidades digitales y tecnológicas, especialmente en el caso de los *escape rooms* virtuales.

⊃ Sitúa al alumnado y a su aprendizaje en el centro del proceso educativo, fomentando el enfoque pedagógico centrado en el usuario/a.

⊃ Aporta diversión y motivación en el aula.

⊃ Mejora la cohesión y unidad en el conjunto del alumnado, promoviendo la colaboración y el sentido de comunidad.

⊃ Proporciona una forma alternativa de evaluación, diferente a los exámenes y pruebas convencionales.

 EJEMPLO

Genially ofrece un conjunto de plantillas de *escape room* gratis para usarlas en gamificación. Son muy utilizadas por el personal docente por su versatilidad y por la posibilidad de customizarlos.

 VÍDEO

Visualiza un vídeo para aprender cómo diseñar un *escape room* a partir de plantillas, accediendo desde aquí:

https://redirectoronline.com/ssce180407

Podemos darle distintos **enfoques** al *escape room* en el aula:

Lineal	Acertijos y desafíos se presentan en una secuencia lineal y cada participante debe resolverlos en orden. Cada desafío resuelto proporciona una pista o información necesaria para avanzar hacia el siguiente. Este enfoque brinda una estructura clara y una buena orientación al alumnado, lo que puede ser útil para grupos menos experimentados.
Abierto	Permite a los participantes abordar los desafíos de manera no secuencial: se les permite explorar y resolver diferentes acertijos al mismo tiempo, sin un orden predefinido. Esto fomenta la autonomía y la toma de decisiones y puede adaptarse mejor a grupos más experimentados o a situaciones en las que se busca desarrollar habilidades de resolución de problemas.
Multilineal	Combina elementos de linealidad y apertura. Se muestran varias secuencias o rutas para resolver los desafíos. Cada ruta puede presentar diferentes acertijos y desafíos, pero todos conducen al mismo objetivo final. Un enfoque multilineal puede proporcionar variedad y rejugabilidad, ya que se pueden probar diferentes rutas en distintas sesiones.

 VÍDEO

Puedes ver un vídeo donde conocer la experiencia gamificada basada en Harry Potter desarrollada en un centro educativo. Se trata de una experiencia muy completa en la que se combinan *breakou*t y *escape room,* tomando la narrativa del mundo de Hogwarts, y alternando los juegos presenciales, como el uso de cartas y la resolución de acertijos, con actividades digitales a través de dispositivos.

Continúa en página siguiente >>

<< Viene de página anterior

Accede desde aquí para verlo:

https://redirectoronline.com/ssce180408

Canvas *breakout/scape room*

Para diseñar un *breakout* o un *escape room,* podemos valernos de un Canvas (lienzo) en el que plasmemos los pasos de la actividad y los elementos.

Modelo de Canvas para *breakout* o *escape room*

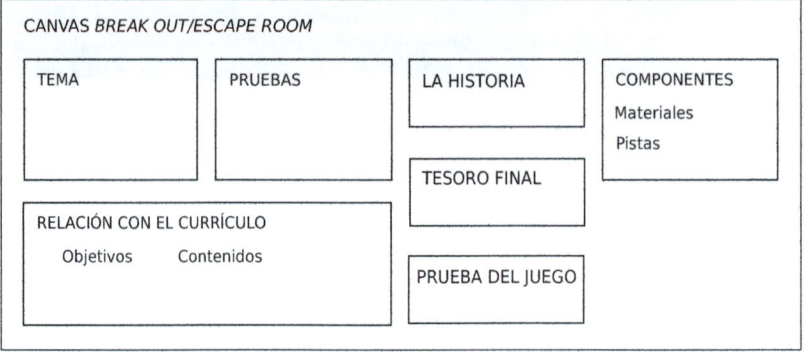

 **PARA SABER MÁS**

Puedes leer un artículo donde visualizar el Canvas de un *escape room* o *breakout* educativo, desarrollado por un profesor de música especialista en nuevas tecnologías. Para ello accede desde aquí:

Continúa en página siguiente >>

<< Viene de página anterior

https://redirectoronline.com/ssce180409

Los **aspectos y elementos** que debemos reflejar en el Canvas son los siguientes:

1. **Tema.** Contextualiza la actividad. Indica el nivel educativo, el número de participantes, qué les gusta, qué recursos necesitas. Piensa en competencias y destrezas.
2. **Relación con el currículo.** Puede ser el repaso de una unidad didáctica, de conceptos estudiados, etc. Fija los objetivos educativos en relación con el currículo. Toma en cuenta los conocimientos previos que tiene el alumnado, su motivación; si va a ser una actividad colaborativa o competitiva; qué necesitan aprender; qué van a practicar.
3. **Pruebas.** Qué pruebas vas a utilizar. Inventa y define cada una de las pruebas que tienen que superar. Pueden ser puzles, enigmas, adivinanzas, problemas, juegos de palabras, etc.
4. **Historia.** Diseña una historia creativa en torno a las pruebas que les vas a plantear. Recuerda que el *storytell* es fundamental en este tipo de actividades. Ten en cuenta los contenidos y objetivos pedagógicos. Ten en cuenta las películas y los productos audiovisuales que les gustan.
5. **Tesoro final.** Selecciona la recompensa por superar el reto, ya sea al abrir la caja *(breakout)* o en salir de la habitación o la trampa */escape room)*. Pueden ser reconocimientos, privilegios, insignias, medallas, certificados, etc.
6. **Componentes.** Detalla los elementos del juego, indicando las pruebas, las pistas y las recompensas.
7. **Prueba del juego.** Testea el juego con tiempo para ver cómo pulirlo antes de jugarlo con el alumnado. Ten en cuenta, especialmente, el tiempo, que no sea una actividad demasiado larga, pues lo ideal es que se realice en una sesión.
8. **Evaluación.** Diseña un sistema de evaluación del alumnado. Comprueba que los aprendizajes estuvieron alineados con los objetivos. Establece indicadores y, al finalizar, se hace una puesta en común con el grupo.

EJEMPLO

Algunas herramientas curiosas para desarrollar nuestro *escape room* virtual son las siguientes:

- **Fodey.com:** web que simula recortes de periódico, que podemos convertir en pistas. Solo hay que introducir el título imaginario del periódico, la fecha y escribir el cuerpo de la noticia.
- **Fun ticket generator:** generador de *tickets* de espectáculos que pueden ser utilizados como pistas, pues es posible introducir el título del show, la fecha, el precio, etc.
- **Noticiasfalsas.com:** generador de portadas de revista en el que se puede introducir la foto deseada, elegir el tipo de revista y añadirle titulares.
- **Fakewhats.com:** generador de conversaciones de chat, imitando las conversaciones de mensajería por teléfono.
- **Classtools.net:** genera un perfil falso de *Facebook,* con su muro e, incluso, con el grupo de amistades.
- **Generador de candados digitales** *online:* perfecto para aplicar a los *breakouts* y *escape rooms.*

Los recortes de periódico, revistas o tickets son utilizados como pistas que el alumnado deberá descifrar para ir obteniendo llaves o encontrar los candados de los juegos de fuga.

 **EJEMPLO**

BreakoutEdu es, como su propio nombre indica, la herramienta ideal para diseñar *breakouts* educativos en clase y *scape rooms*.

Dispone de varios módulos para que tanto el alumnado como el personal docente puedan crear sus experiencias gamificadas:

* **Learn and Play Game Design Course:** cursos que enseñan, de forma gradual, todas las características de la plataforma, con el objetivo de aprender a crear los videojuegos.
* **Game Design Studio:** editor con plantillas para crear los juegos.
* **Kit-Based Game Design:** kit con más de 900 experiencias de juego para usar con los/las estudiantes.
* **Student Game Design:** módulo para que los/las estudiantes creen sus juegos, una vez que han superado el periodo de aprendizaje.

Accede desde aquí para conocer más sobre esta herramienta:

https://redirectoronline.com/ssce180410

 **APLICACIÓN PRÁCTICA**

Como docente que pretende aplicar un proceso gamificado en el aula, necesitas identificar claramente los pasos que debes dar para que tu diseño de escape room tenga un orden coherente y lógico, tomando de referencia, por ejemplo, el modelo Canvas.

Ordena las siguientes fases a partir de este modelo:

* **Componentes**
* **Evaluación**

Continúa en página siguiente >>

<< Viene de página anterior

- **Historia**
- **Prueba del juego**
- **Pruebas**
- **Relación con el currículo**
- **Tema**
- **Tesoro final**

Solución

El orden correcto es:

1. Tema
2. Relación con el currículo
3. Pruebas
4. Historia
5. Tesoro final
6. Componentes
7. Prueba del juego
8. Evaluación

El orden coherente en la secuenciación del diseño resulta fundamental, pues si construimos una parte antes de tiempo, puede que no esté cuadrada con los aspectos fundamentales de la actividad. Ya hemos visto que las dinámicas y las mecánicas son la base en la que se fundamentan los componentes.

 ACTIVIDAD COMPLEMENTARIA

7. Localiza un repositorio de *escape rooms;* puedes visitar *Escape Room Lover* desde aquí o si lo prefieres localizar otro.

https://redirectoronline.com/ssce180411

Continúa en página siguiente >>

<< Viene de página anterior

A continuación, selecciona una actividad que pudieras aplicar en el aula y analízala.

Luego reflexiona sobre las siguientes cuestiones:

- ¿De qué trata la narrativa?
- ¿Cuáles eran los desafíos?
- ¿Y el objetivo final?
- ¿Había mecánicas de restricción, como el límite de tiempo?
- ¿Qué dinámicas habéis observado?
- ¿Cuál era el peso de la estética?

3.3. *ClassDojo*

ClassDojo es una plataforma en línea de gestión del aula, que ofrece al personal docente la posibilidad de crear aulas interactivas. La plataforma involucra al personal docente, padres/madres y estudiantes. Su objetivo es administrar el entorno escolar a través de una interfaz fácil de usar, que se puede adaptar a las necesidades de cada clase. El alumnado puede recibir puntos positivos por un buen desempeño y puntos negativos por comportamientos inapropiados.

Veamos las **características** de la plataforma:

➲ **Sistema.** *ClassDojo* se basa en la gamificación, utilizando insignias positivas y negativas que el personal docente puede asignar a los estudiantes según sea necesario.
A medida que el personal docente califica el comportamiento de la clase, tanto positivo como negativo, los puntos se acumulan para cada estudiante. Incluso se puede establecer una meta de puntos para toda la clase.

El sistema de calificación está en manos del personal docente, quien decide qué acciones suman o restan puntos y la cantidad de puntos asignados a cada comportamiento. Además de calificar el desempeño, permite al personal docente controlar la asistencia, actualizar el *Class Story* (similar a un muro de *Facebook* donde se comparten textos e imágenes que muestran el progreso del trabajo realizado) y comunicarse con los padres/madres de los alumnos.

Al crear un aula, *ClassDojo* proporciona insignias predefinidas como "En la tarea", "Participando", "Persistente", "Trabajando duro", "Irrespetuoso", "Sin deberes", "Hablando fuera de su turno". Sin embargo, el personal docente puede personalizar estas insignias y asignar otros comportamientos. Además, se puede ajustar la cantidad de puntos asignados en una escala del 1 al 5.

- **Cuentas.** *ClassDojo* ofrece tres tipos de cuentas interconectadas:

  - Cuenta de personal docente.
  - Cuenta de alumno.
  - Cuenta de padre/madre.
  - Cuenta de líder de escuela, para directores o representantes de la institución.

- **Beneficios.** Los beneficios de usar *ClassDojo* en la enseñanza son numerosos y destacados:

  - Es una aplicación fácil de usar, segura y gratuita.
  - Permite la interactividad al crear historias de clase mediante publicaciones de fotos y vídeos, manteniendo informados a padres/madres y estudiantes sobre el progreso y las actividades en el aula.
  - Fomenta la motivación y el compromiso de los estudiantes al recompensar su buen desempeño con puntos positivos.
  - Proporciona datos y análisis útiles sobre el comportamiento y el rendimiento de los/las estudiantes, lo que puede ayudar al personal docente a tomar decisiones informadas y personalizar la instrucción.

 **VÍDEO**

Puedes visualizar un videotutorial de *ClassDojo*, realizado por un docente y realizar una aproximación a todas sus funcionalidades. Para ello accede desde aquí:

Continúa en página siguiente >>

<< Viene de página anterior

https://redirectoronline.com/ssce180413

 PARA SABER MÁS

Si lo deseas puedes consultar la plataforma *ClassDojo* y obtener más información sobre ella accediendo desde aquí:

https://redirectoronline.com/ssce180412

3.4. *Kahoot*

Kahoot es una plataforma *online* que ofrece la posibilidad de crear rápidamente juegos interactivos de aprendizaje llamados *kahoots*. Estos juegos consisten en una serie de preguntas de opción múltiple.

Las principales **características** de la plataforma son:

- **Sistema.** El funcionamiento de *Kahoot* es muy sencillo: el/la docente crea un cuestionario en línea sobre el tema que se está enseñando en el aula y proporciona a cada estudiante un pin que deben ingresar en sus dispositivos a través del sitio web del juego. De esta manera, sus dispositivos se convierten en mandos a distancia interactivos desde los cuales envían sus respuestas.
  Al finalizar el juego, cada participante ve en un *ranking* la velocidad y los aciertos, lo cual les proporciona una gratificación personal y un *feedback* inmediato sobre sus resultados. De esta forma, pueden evaluar su puntuación, aprender de sus errores, corregirlos y mejorar.
  Los *kahoots* se juegan mejor en grupo: el aprendizaje social promueve la discusión y el impacto pedagógico, tanto si los jugadores/as están en la misma sala como si están en diferentes partes del mundo.
  La plataforma permite diversas aplicaciones:

  - Creación de pruebas.
  - Debates.
  - Encuestas.
  - Pases de diapositivas.
  - Incluir imágenes y multimedia.
  - Jugar a *kahoots* creados por la comunidad.
  - Ofrece y almacena estadísticas sobre los cuestionarios.

- **Cuentas.** *Kahoot* dispone de una versión gratuita y otra *premium,* dependiendo del número de participantes, y ofrece cuentas para centros educativos.
- **Beneficios.** *Kahoot* presenta varias características destacadas:

  - Es muy intuitivo y fácil de configurar.
  - Todo aprendizaje debe ser significativo. El aprendizaje adquirido a través del juego difícilmente se olvida. Con *Kahoot,* el alumnado se divierte mientras realiza tareas de repaso, refuerzo y/o ampliación de contenidos.
  - Capacita digitalmente al alumnado para adquirir habilidades que les hagan competentes en la sociedad del siglo XXI.
  - Permite el trabajo en grupo y, por lo tanto, facilita las relaciones sociales entre iguales. En este sentido, fomenta un buen ambiente, cordialidad, integración y crea un clima muy positivo en el aula.
  - Se puede integrar con ciertas aplicaciones, como *Zoom.*

Responder un Kahoot desde el móvil. Firyal Ramzy / Shutterstock.com

PARA SABER MÁS

Visualiza un minitutorial de *Kahoot*, donde podrás conocer las principales características de la aplicación. Para ello accede desde aquí:

https://redirectoronline.com/ssce180415

Si lo deseas también puedes acceder directamente a ella desde aquí:

https://redirectoronline.com/ssce180414

ACTIVIDAD COMPLEMENTARIA

8. Ya dispones de un buen repositorio de recursos. Es el momento de pasar a la acción. En esta actividad, deberás seleccionar una de las aplicaciones para hacer *quiz.* La más recomendable, por su versatilidad y popularidad, es *Kahoot,* aunque puedes utilizar otra. Si lo deseas puedes acceder desde aquí:

https://redirectoronline.com/ssce180415

A continuación, haz un cuestionario de cinco preguntas sobre los contenidos que has visto hasta ahora en el curso. Puedes compartir este cuestionario con tu entorno más cercano y vivir la experiencia de la gamificación aplicando esta actividad. Posteriormente, reflexiona sobre la experiencia:

· ¿Es fácil y rápido hacer un cuestionario?
· ¿Cuáles son las mecánicas y dinámicas del juego?
· ¿Qué destacas de la estética?
· ¿Podrías utilizar la aplicación en vuestras clases? ¿Cómo?

3.5. *Captain Up*

Captain Up es una plataforma que mejora la experiencia del usuario al crear un emocionante metajuego lleno de elementos de gamificación. Esta herramienta utiliza tecnología de vanguardia y psicología del comportamiento para ofrecer una experiencia de usuario inigualable.

Veamos las **características** de la plataforma:

➲ **Sistema.** Dentro de este metajuego, los usuarios/as pueden disfrutar de un sistema de puntos de experiencia (XP), desafíos personalizados, niveles de progresión, logros gratificantes, torneos competitivos y promociones y recompensas instantáneas. *Captain Up* destaca al permitir la creación de un sistema de gamificación personalizado, adaptado a las necesidades y objetivos específicos de cada plataforma.
Algunas de las características clave de *Captain Up* incluyen la posibilidad de otorgar insignias por alcanzar hitos específicos, establecer niveles de progresión, implementar un sistema de puntos para rastrear la actividad y el *engagement,* así como ofrecer misiones y desafíos adicionales para aumentar la participación.

➲ **Recursos.** A través de *Captain Up,* se pueden ofrecer una variedad de recompensas y premios:

- ↻ Insignias
- ↻ Niveles
- ↻ Puntos
- ↻ Misiones
- ↻ Coleccionables
- ↻ Recompensas
- ↻ Trofeos
- ↻ Desafíos

 PARA SABER MÁS

Si quieres visitar la plataforma de *Captain up*, puedes hacerlo accediendo desde aquí:

https://redirectoronline.com/ssce180416

3.6. *Mentimeter*

Mentimeter revoluciona la forma en que los docentes interactúan con su alumnado. Esta increíble herramienta de presentación permite crear diapositivas interactivas y encuestas en tiempo real, brindando una experiencia cautivadora y participativa.

Las **características** de la plataforma son las siguientes:

- **Sistema.** Permite elegir entre una amplia variedad de plantillas de diapositivas interactivas, como preguntas de opción múltiple, escalas de opinión y nubes de palabras y añadir el toque personal con preguntas, respuestas, imágenes y vídeos, transformando las presentaciones en algo atractivo y relevante.
  Además, con *Mentimeter* se pueden crear encuestas en tiempo real, de forma que el alumnado puede responder utilizando sus dispositivos móviles. Los resultados se muestran instantáneamente en una diapositiva de resultados, ofreciendo una visión inmediata de las respuestas.
- **Recursos.** La aplicación ofrece las siguientes funcionalidades:

  - Nubes de palabras dinámicas, que se van creando según el alumnado va escribiendo palabras en sus dispositivos.
  - Encuestas en vivo e instantáneas.
  - *Quizzes* divertidos.
  - Cuestionarios de respuesta múltiple.
  - Presentaciones de diapositivas.
  - Estadísticas de los resultados.

- **Beneficios.** *Mentimeter* presenta una serie de beneficios que el personal docente no puede desaprovechar:

  - Fomenta la participación activa del alumnado, manteniéndoles comprometidos y alerta durante la clase.
  - Realiza evaluaciones formativas rápidas para verificar la comprensión.
  - Brinda retroalimentación instantánea para ayudar al alumnado a entender y mejorar su comprensión.
  - Estimula el pensamiento crítico y la discusión en clase mediante preguntas abiertas y problemas complejos.
  - Realiza encuestas y sondeos en tiempo real para recopilar opiniones y comentarios.
  - Enriquece la experiencia de aprendizaje con la integración de elementos multimedia.

○ Incluye a todo el alumnado, incluidos a personas con discapacidad, gracias a las opciones de accesibilidad.

○ Genera un ambiente de aprendizaje interactivo que hace que las clases sean dinámicas y entretenidas.

 PARA SABER MÁS

Si deseas consultar la herramienta *Mentimeter* puedes hacerlo accediendo desde aquí:

https://redirectoronline.com/ssce180417

3.7. *Plickers*

Plickers es una herramienta gratuita que permite crear cuestionarios interactivos en línea, para involucrar al alumnado de una manera dinámica y atractiva. Permite obtener los resultados de cada participante en tiempo real, convirtiendo el aprendizaje en una experiencia de juego.

Vamos a ver las **características** de la plataforma:

⊃ **Sistema.** *Plickers* es una herramienta, basada en realidad aumentada, que ofrece la posibilidad de crear cuestionarios en línea, lo que permite plantear preguntas de manera dinámica y atractiva para el alumnado. Además, ofrece la oportunidad de evaluar al alumnado de forma lúdica, obteniendo los resultados de sus pruebas al instante y convirtiendo el proceso de aprendizaje en una experiencia divertida.

↺ Se requiere proyectar el cuestionario en la pizarra y tener la aplicación descargada en el teléfono. El alumnado no necesita dispositivos digitales, ya que la herramienta proporciona tarjetas impresas con códigos individuales. Estos códigos están compuestos por un número y cuatro letras: A, B, C y D. Las letras se encuentran en todas las tarjetas, y se diferencian por la forma del código y el número asignado a cada estudiante.

↺ Es importante prestar atención al número asignado a cada participante para entregarle la tarjeta correspondiente. Las letras en las tarjetas les permiten seleccionar la opción que consideren correcta, girando el código hasta que la opción elegida quede arriba.

Una vez que la aplicación está abierta en el teléfono, se deben escanear todos los códigos con la cámara. Esta acción permite visualizar en la pizarra qué participantes han respondido, sin revelar aún las opciones elegidas por cada cual. Solo cuando se decida finalizar el escaneo, se podrán ver todas las opciones seleccionadas y, finalmente, mostrar cuál o cuáles son las respuestas correctas. La herramienta permite mantener el anonimato de cada participante que respondió correctamente, pero también brinda la opción de mostrar sus nombres si así se desea.

➲ **Beneficios.** *Plickers* resulta útil para realizar evaluaciones iniciales, repasar antes de un examen, revisar los resultados de una prueba antes de calificar, realizar encuestas y obtener resultados de evaluaciones. Además, ofrece la ventaja de poder copiar preguntas de un cuestionario a otro, lo que permite reutilizar parte de un cuestionario previo en cualquier momento.

Códigos de Plickers

 ## VÍDEO

Visualiza un videotutorial para aprender a manejar *Plickers* en cinco minutos. Para ello accede desde aquí:

https://redirectoronline.com/ssce180419

 ## PARA SABER MÁS

Si lo deseas puedes visitar el sitio web de la herramienta *Plickers,* accediendo desde aquí:

https://redirectoronline.com/ssce180418

3.8. *Poll Everywhere*

Poll Everywhere es una herramienta en línea que brinda la oportunidad de promover la participación del alumnado de manera anónima y sin necesidad de crear una cuenta. A través de sus dispositivos pueden responder preguntas o participar en debates.

Poll Everywhere

Veamos las **características** de la plataforma:

- **Sistema.** El personal docente, utilizando su cuenta, crea una encuesta que genera un enlace; el alumnado lo sigue para acceder y responder a los temas planteados.
  Se pueden diseñar diversas formas de encuestas, como preguntas de opción múltiple, respuestas abiertas o incluso competiciones. Además, no es necesario que las respuestas sean exclusivamente preguntas, sino que cada participante puede, simplemente, aportar palabras o ideas relacionadas con el tema. Una opción interesante para fomentar la interacción es el *"Feedback* de Presentación", donde el alumnado puede dar su opinión. Esta opción no se limita a presentaciones, sino que puede formar parte de cualquier otra actividad en el aula, como concursos.
- **Recursos.** *Poll Everywhere* es una herramienta que ofrece las siguientes funcionalidades:

  - Generar preguntas interactivas para trabajar con hasta 40 participantes.
  - Seleccionar entre diversos formatos de preguntas, como opciones múltiples, nubes de palabras, preguntas y respuestas (donde la audiencia envía preguntas o ideas), clasificaciones, imágenes interactivas, preguntas abiertas o gráficos, entre otros.
  - Crear cuestionarios con múltiples preguntas interactivas en la misma presentación.
  - Insertar las preguntas interactivas en una presentación de *Powerpoint* o *Google Slides.*

- **Beneficios.** Esta herramienta es gratuita y fácil de usar. El alumnado no necesita identificarse al responder a los temas planteados, ya que las respuestas son completamente anónimas. Solo tienen que acceder al enlace proporcionado y escribir sus respuestas u opciones. Esto permite que respondan de manera libre y sin temor a equivocarse, ya que ni siquiera el personal docente sabe quién proporciona cada respuesta. Las respuestas aparecen instantáneamente en la pantalla, lo que hace que su uso sea ágil e inmediato.

PARA SABER MÁS

Si lo deseas puedes acceder a la herramienta *Poll Everywhere* desde aquí:

https://redirectoronline.com/ssce180420

TAREA 6

Imagina que estás a final de curso y tu alumnado se queja de que tiene muchos exámenes. Tienen que estudiar mucho contenido y sienten el estrés de final del curso. ¿Cómo podrías repasar conceptos, o hacerles exámenes previos, de una forma divertida y amena, a la vez que efectiva respecto al aprendizaje activo?

3.9. *Brainscape*

Brainscape es una plataforma a través de la que se pueden buscar, crear y compartir juegos de *flashcards,* tarjetas digitales, destinadas a la enseñanza.

Este recurso almacena gran cantidad y variedad de tarjetas, que abordan un buen número de temáticas, tales como ciencias, artes, matemáticas, etc.

Las **características** de la plataforma son:

- **Sistema.** *Brainscape* se basa en una estructura simple: utiliza tarjetas de diferentes disciplinas que contienen contenido esquemático fácil de memorizar. Sin embargo, va más allá al combinar los juegos con el proceso de adquirir conocimientos.

  Al inicio, se nos administra un test para evaluar nuestra habilidad en una disciplina en una escala del 1 al 5. En función de los resultados, se nos presentarán más contenidos a un ritmo más lento o más rápido, lo que permite lograr un aprendizaje más personalizado.

  El funcionamiento de la plataforma es similar al de una baraja de tarjetas *flash* en papel. Cada estudiante lee una pregunta en un lado y luego hace clic para revelar la respuesta en el otro. Luego, califica su nivel de conocimiento de la respuesta, donde una calificación más alta indica que la tarjeta se mostrará con menos frecuencia en el futuro. Un gráfico interactivo se utiliza para mostrar a los estudiantes su dominio general del tema y su progreso. La capacidad del personal docente para crear sus propias tarjetas abarca prácticamente cualquier materia que estén enseñando.

- **Cuentas.** Es gratuita, solo requiere acceso a internet y no es necesario descargar ningún *software*.

  Aunque esta herramienta no tiene un costo inicial, comparte una característica común con muchas aplicaciones educativas: las compras integradas. En este caso, estas compras están disponibles a través de suscripciones en diferentes niveles, que permiten acceder a una mayor o menor cantidad de funciones.

- **Beneficios.** Un gran número de las tarjetas han sido diseñadas por profesorado de universidad de facultades en todo el mundo, quienes se especializan en disciplinas como ciencias y humanidades. Además, cada usuario tiene la capacidad de crear y publicar su propio contenido, lo que tiene como principal beneficio la constante expansión de la base de datos.

 PARA SABER MÁS

Puedes conocer cómo se ha utilizado *Brainscape* para el aprendizaje y la autoevaluación de una asignatura universitaria de Turismo, leyendo un artículo al que puedes acceder desde aquí:

Continúa en página siguiente >>

<< Viene de página anterior

https://redirectoronline.com/ssce180422

También puedes acceder a la plataforma de *Brainscape* si lo deseas desde aquí:

https://redirectoronline.com/ssce180421

3.10. *Socrative*

Socrative es un sistema interactivo de respuesta que permite a docentes plantear preguntas, *quizzes* y juegos a sus estudiantes, quienes pueden responder en tiempo real desde sus dispositivos. Con esta herramienta, el personal docente fomenta la participación en el aula mediante ejercicios y juegos educativos.

Veamos las **características** de la plataforma:

➲ **Sistema.** Se trata de una herramienta de evaluación digital que brinda la capacidad de conocer los resultados al instante. Puede utilizarse a través de la web o descargándola.
Además de la creación de cuestionarios individuales y grupales, *Socrative* permite realizar pruebas anónimas, donde el alumnado puede participar sin temor a que se revelen sus respuestas incorrectas.

- **Cuentas.** *Socrative* cuenta con versiones separadas para docentes y estudiantes. Para registrarse, el personal docente debe utilizar una cuenta de correo electrónico, mientras que el alumnado solo necesita acceder a la página e ingresar el nombre de la sala asignada por su docente, seguido de su propio nombre.

  Esta herramienta ofrece una versión gratuita que permite crear diferentes salas o clases para el alumnado, cuestionarios en línea y la posibilidad de introducir la gamificación en el aula mediante la "carrera espacial". Recientemente, se ha lanzado una versión de pago que ofrece más opciones dentro de los cuestionarios. La aplicación es muy fácil de usar tanto para docentes como para estudiantes.

- **Beneficios.** Algunas características destacadas de *Socrative* son las siguientes:

  - Permite editar cuestionarios previamente preparados y adaptarlos. Cuenta con un amplio banco de recursos ya recopilados.
  - Los resultados se visualizan en tiempo real.
  - Se generan informes con las calificaciones en formato *Excel,* que pueden enviarse por correo electrónico o utilizarse como hoja de cálculo descargable o consultable en línea en *Google Sheets,* lo que permite obtener calificaciones rápidamente.
  - Puede utilizarse para sondear ideas previas o posteriores, realizar juegos o yincanas, entre otros usos.
  - El alumnado también puede evaluar la actividad.

PARA SABER MÁS

Si deseas conocer *Socrative* en profundidad puedes hacerlo accediendo al sitio web desde aquí:

https://redirectoronline.com/ssce180423

3.11. *Smile and Learn*

Smile and Learn es una plataforma interactiva dirigida a niños/as de tres a doce años, que ofrece una variedad de juegos y cuentos, en cinco idiomas distintos.

Se trata de una herramienta inclusiva que se adapta a las necesidades individuales de cada estudiante. Además, cuenta con un sistema de análisis y recomendaciones basado en inteligencia artificial y aprendizaje automático. Ofrece atractivas aplicaciones educativas que fomentan el desarrollo de competencias y la autonomía del alumnado, complementando el proceso de enseñanza-aprendizaje.

Vamos a ver las **características** de la plataforma:

⮑ **Sistema.** El objetivo de *Smile and Learn* es que todos los niños/as, con o sin necesidades educativas especiales, puedan fortalecer sus inteligencias múltiples y capacidades cognitivas. Para ello, se han integrado pictogramas en todos los cuentos, se ha creado un menú centralizado que permite ajustar las opciones de fuente y nivel de dificultad, y se ha incluido un modo de juego relajado sin límite de tiempo. De esta manera, se pretende que niños/as con hiperactividad, autismo, síndrome de Down o discapacidad intelectual también puedan aprender mientras se divierten. La plataforma ofrece dos formas de navegación:

  ◍ **Navegación a través de rutas de aprendizaje:** cada docente puede crear rutas de contenido personalizadas accediendo a la plataforma de gestión. A continuación, crea grupos de clase y configura el perfil de cada estudiante, eligiendo un avatar, seleccionando temas de interés y configurando posibles necesidades especiales (TDAH, discapacidad intelectual, discapacidad auditiva, dificultades de aprendizaje, trastorno del espectro autista, discapacidad motora, discapacidad visual o dislexia).
  ◍ **Navegación libre:** cada estudiante, individualmente, puede elegir los contenidos a los que desea acceder. Cada mundo representa un área educativa diferente y dentro de cada mundo se encuentran juegos, cuentos y vídeos relacionados con esa área.

- ⊃ **Cuentas.** *Smile and Learn* funciona mediante un modelo de suscripción gratuita para colegios e instituciones educativas.
- ⊃ **Beneficios.** En función de la configuración individual o grupal del alumnado, la plataforma recomienda el diseño más adecuado (pictográfico, infantil, etc.), el modo de lectura (pictogramas, escucha, etc.), el tipo de letra (mayúsculas o minúsculas), el modo tranquilo (activando o desactivando el tiempo de respuesta) y la accesibilidad (paginación, resaltado en navegación y cuestionarios, síntesis de voz, reconocimiento de voz, etc.).

  El progreso del alumnado queda registrado y el personal docente puede consultar el seguimiento a través de la web. La plataforma ofrece datos sobre el tiempo que cada estudiante dedica a cada juego y su progreso en cada inteligencia múltiple. Según esta información, la herramienta identifica las áreas que requieren refuerzo y recomienda contenido adicional para fortalecer todas las inteligencias del estudiante.

 PARA SABER MÁS

Si deseas acceder a la plataforma de *Smile and Learn* puedes hacerlo desde aquí:

https://redirectoronline.com/ssce180424

3.12. *Classcraft*

Classcraft es el número uno en aplicaciones de gamificación en la enseñanza. Se trata de una aplicación web, diseñada para docentes que desean incorporar la gamificación en su práctica de enseñanza. Esta plataforma les permite convertir su clase en un emocionante juego de rol en línea.

Al utilizar elementos inspirados en los juegos de rol, la aplicación permite a los/las estudiantes desarrollar sus personajes a medida que progresan en su aprendizaje, colaboran con el resto de la clase y adquieren poderes.

Vamos a ver las **características** de la plataforma:

◐ **Sistema.** La plataforma proporciona un espacio interactivo donde el personal docente puede llevar un registro digital de las acciones y logros de sus estudiantes. Esto ofrece la ventaja de que el alumnado puede ver reflejado su trabajo y esfuerzo en la evolución de sus personajes virtuales. Además de promover el trabajo colaborativo y el compromiso estudiantil, *Classcraft* también contribuye a mejorar la convivencia en el aula y estimular la motivación a lo largo del curso escolar.

El proceso del juego en *Classcraft* involucra a los/las estudiantes en un escenario virtual, en el que asumen roles de "guerreros", "magos" y "curanderos". A medida que avanzan en las clases y demuestran un buen desempeño académico, adquieren experiencia y monedas de oro que les permiten aumentar su nivel y desbloquear facultades especiales. Sin embargo, si no cumplen con las reglas del juego, como entregar tareas a tiempo o respetar a sus compañeros/as, pueden perder puntos de vida y enfrentarse a desafíos lúdicos, como recitar un poema o mantenerse en silencio en clase. Este enfoque refuerza la responsabilidad y el compromiso del alumnado hacia su proceso de aprendizaje, ya que las acciones y decisiones en el juego tienen consecuencias reales.

◐ **Recursos.** La plataforma también integra **herramientas** muy interesantes que enriquecen la experiencia de juego y fomentan el buen comportamiento en la clase:

- ◑ **Sonómetro.** Se trata de un sensor que alerta cuando sube el ruido en la clase.
- ◑ **Eventos aleatorios.** Eventos inesperados que son empleados para captar la atención del alumnado al principio de la clase.
- ◑ **Elección aleatoria de estudiantes o grupos.** Se utiliza para configurar subgrupos dentro de la clase y que el alumnado no se agrupe siempre con sus amistades, de forma que cohesiona al conjunto y fomenta la colaboración.
- ◑ **Misiones.** Actividades en grupo que favorecen el trabajo cooperativo para conseguir un fin común.
- ◑ **Felicitaciones.** Se utilizan para brindar la oportunidad al alumnado de que felicite el trabajo de sus compañeros.
- ◑ **Cronómetros y cuentas atrás.** Una forma útil de llamar la atención sobre el tiempo que se dedica a una actividad y poner límites.
- ◑ **Batalla de jefes.** El alumnado pasa por una prueba de conocimientos, en grupos o quipos. El resultado repercute sobre la salud y la experiencia de sus personajes.

⮁ **Cuentas:**

- ◑ **Inscripción.** *Classcraft* cuenta con una versión gratuita y otra *premium.* La plataforma ofrece tres formas de inscripción del alumnado:

  - ⇕ Creación de cuentas para el alumnado, por parte del personal docente, sin necesidad de introducir datos personales.
  - ⇕ El personal docente crea las cuentas del alumnado, que puede entrar con unos códigos personalizados, sin necesidad de usar cuenta de correo.
  - ⇕ Registro con cuentas de *Google* y *Classlink,* lo que permite la importación del alumnado desde *Google Classroom.*

- ⮁ **Beneficios.** *Classcraft* brinda la oportunidad de conectar con las familias a través de un código personalizado, permitiéndoles seguir el progreso de sus hijos/as, observar su comportamiento en clase y participar en el juego al otorgar recompensas que ayudan a personalizar el personaje, como reconocimientos por estudiar en casa o ayudar en las tareas domésticas.

 PARA SABER MÁS

Si deseas consultar la aplicación de *Classcraft* puedes hacerlo accediendo desde aquí:

https://redirectoronline.com/ssce180425

 **TAREA 7**

Imagina que trabajas con adolescentes y observas que tu grupo es muy revoltoso. En general, siempre llegan tarde del recreo y hacen mucho ruido. Además, compruebas que una parte importante no entrega los deberes a tiempo.

Te propones gamificar el aula para motivarles a tomar una conducta más positiva y activa en estas cuestiones. ¿Cómo lo harías?

----

4. Resumen

En esta unidad hemos dado un paso más en la formalización de la estrategia para el diseño de juegos y actividades gamificadas, y hemos conocido los principales *frameworks* de trabajo:

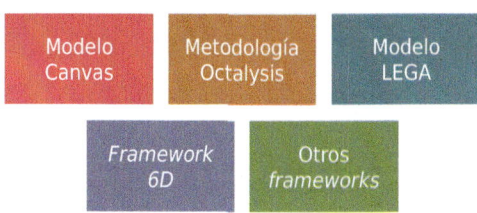

Para mantenernos a la vanguardia de las actividades lúdicas aplicadas al aula, hemos podido conocer dos actividades que se han convertido en tendencia:

Para terminar, hemos hecho una revisión de las principales plataformas empleadas para gamificar el aula y las aplicaciones más populares en gamificación a través de las nuevas tecnologías:

ClassDojo	Kahoot	Captain Up	Mentimeter	Plickers
Poll Everywhere	Brainscape	Socrative	Smile and Learn	Classcraft

Ejercicios de autoevaluación
Unidad de Aprendizaje 4

1. ¿Qué es modelo Canvas de gamificación?

a. Una lista de comprobación que sirve de apoyo al proceso de gamificación.
b. Una *framework* diseñado para el nivel K6 estadounidense.
c. Un modelo basado en la representación visual de los diferentes pasos y recursos del sistema gamificado, como las mecánicas y las dinámicas.
d. Un modelo que se basa en dividir una experiencia de juego en fragmentos pequeños e independientes, proporcionando retroalimentación instantánea.

2. ¿Qué significan las siglas del modelo FRAGGLE?

a. *User-Centered Design*
b. *Framework for agile gamification of learning experiences*
c. *Frameíork for Octalysis systems*
d. *Framework for E-learning engagement*

3. ¿En qué consiste el modelo 6D de gamificación?

a. Una *check-list* de 6 pasos.
b. Un Canvas con 6 elementos.
c. Un sistema de 6 mecánicas.
d. Un sistema con 6 componentes.

4. ¿Cuántas palancas, o drivers, emplea el modelo Octalysis?

a. 4
b. 5
c. 6
d. 8

5. ¿Qué significan las siglas del modelo LEGA?

a. *Ludo, e-learning, garanty, achievement*
b. *Learning, express, goals, achievement*

    c. *Learning, engagement, goals, achievement*
    d. *Legacy, e-learning, goals, engagement*

6. ¿En qué consiste un *breakout* educativo?

    a. Una actividad en la que hay que escapar de una habitación.
    b. Una actividad en la que hay que abrir una caja superando acertijos.
    c. Un sistema de puntos por la puntualidad en clase.
    d. Un sistema de insignias y tableros de clasificación.

7. Indica si la siguiente oración es verdadera o falsa: "El *escape room* consiste en tratar de abrir una caja resolviendo misterios y el *breakout* tiene como objetivo salir de una habitación o un edificio".

    ■ Verdadero
    ■ Falso

8. ¿En qué consiste el diseño centrado en el usuario/a (UCD)?

    a. Su foco de diseño se centra en las interacciones ágiles, rápidas y frecuentes.
    b. Se centra en la investigación y comprensión profunda de los usuarios, incluyendo sus metas, habilidades, limitaciones y preferencias.
    c. Es un modelo de diseño aplicado exclusivamente al *e-learning*.
    d. Todas las opciones son correctas.

9. ¿Qué enfoque se le puede dar a un *scape room* educativo?

    a. Lineal
    b. Abierto
    c. Multilineal
    d. Todas las opciones son correctas.

10. **Indica si la siguiente oración es verdadera o falsa: "El modelo LEGA toma como punto de partida los resultados esperados, que guían la selección de las mecánicas de juego más adecuadas".**

   - ■ Verdadero
   - ■ Falso

Elaboración de programas de gamificación en el aula

Contenido

Objetivos

El objetivo general de esta Unidad de Aprendizaje es:

→ Aplicar estrategias para elaborar programas de gamificación en el aula.

Los objetivos específicos de esta Unidad de Aprendizaje son:

→ Identificar las distintas estrategias para gamificar el aula.

→ Reconocer estrategias para gamificar presentaciones de contenidos.

→ Identificar las principales herramientas para aplicar la gamificación en formación *e-learning*.

→ Gestionar recursos digitales para aplicarlos en el aula.

1. Introducción

Uno de los retos del personal docente en gamificación es pasar de la teoría a la práctica. En diseño de los juegos y de las actividades gamificadas, son la base sobre la que desarrollar las experiencias. Una vez que se manejan los principios fundamentales, es necesario llevarlo a la práctica de forma efectiva y conseguir la experiencia positiva y relevante que se pretende desde los elementos del juego.

En esta unidad conoceremos las principales estrategias para la elaboración de los programas de gamificación en el aula, desde la dinámica de la clase a la gamificación de la formación *e-learning,* pasando por las recomendaciones y fórmulas para gamificar una asignatura y la presentación de contenidos pedagógicos.

Para ello, acompañaremos a Leo en su aventura por la gamificación, descifrando los caminos por los que puede llevar los elementos del juego a las distintas dimensiones de su práctica docente.

2. Gamificar el aula

☞ HILO CONDUCTOR

Leo ya conoce en profundidad los fundamentos del diseño de juegos y los modelos de trabajo. Ahora necesita reflexionar sobre las distintas dimensiones de la formación y valorar en qué ámbitos va a aplicar sus conocimientos. Podría empezar con gamificar su aula, para introducir nuevos comportamientos en sus grupos y mejorar ciertas conductas, como la puntualidad.

Acompaña a Leo en su aventura hacia la gamificación del aula.

Introducir la gamificación en el aula significa incorporar diferentes componentes lúdicos como sistemas de puntuación, incentivos y premios, el empleo de personajes virtuales, la creación de una trama lúdica, así como desafíos y objetivos diseñados para mantener el interés del alumnado. Además, proveer *feedback* constante es fundamental.

Al posicionar al alumnado dentro de un entorno de juego, definir reglas claras, fijar metas y ofrecer varias estrategias para alcanzar esos objetivos, se fomenta un sentimiento de autonomía dentro del entorno de juego.

Gamificar el aula es un recurso recomendado para todos los niveles educativos y formativos.

Algunas actividades que se pueden realizar para gamificar el aula son las siguientes:

> Otorgar puntos e insignias en función de logro de objetivos, la entrega de tareas a tiempo, etc.

> Otorgar puntos e insignias en función de conductas, como la puntualidad, no interrumpir en clase, revisar los apuntes por adelantado, participar en clase, ayudar a los compañeros en las tareas, etc.

> Confeccionar tableros de clasificación tomando los objetivos, las calificaciones o las conductas.

 **EJEMPLO**

Integrar el uso de plataformas como *Classcraft* permite gamificar el aula de forma efectiva, pues permite, entre sus muchas opciones, recompensar la entrega de tareas y que se conviertan en retos alcanzados dentro de la aplicación. Asimismo, es posible llevar una analítica del alumnado considerando su participación y sus avances.

2.1. Recomendaciones para gamificar el aula

El hecho de aplicar un sistema de puntos a ciertas actividades de la clase puede acabar en una actividad simplista si no se tienen en cuenta ciertos aspectos de la gamificación.

Para gamificar efectivamente el aula es necesario seguir las siguientes **recomendaciones:**

- **Emplea metodologías activas.** Permite que el alumnado sea partícipe del diseño. Para ello, permite que sean coautores/as; de esta forma, fomentarás su autonomía y su compromiso con el proyecto.
- **Alterna los roles.** Permite que el alumnado, en la fase de diseño, pueda alternar las actividades que realiza.
- **Incluye la libertad para equivocarse.** Permite que el alumnado pueda repetir las actividades gamificadas, que no teman a equivocarse, que puedan volver sobre sus errores y corregirlos, aplicar diversas estrategias hasta que encuentren los caminos adecuados para llegar a las metas.
- **Proporciona *feedback* instantáneo.** Es uno de los elementos fundamentales de la gamificación, pues de esta forma el alumnado conoce en cada momento en qué se está equivocando y cómo está progresando.
- **Muestra los progresos.** El progreso es un elemento motivador y ayuda al jugador/a a situarse dentro del juego.
- **Sustituye los deberes por retos.** Es un trabajo para el personal docente, pero está demostrado que convertir los deberes en retos y misiones reta al alumnado a que participe y no postergue las actividades.
- **Diseña diversidad de reconocimientos.** Ofrecer variedad de insignias y reconocimientos de logro hace que un mayor número de alumnos/as reciba estas atenciones y que nadie se quede sin recibir menciones, a través de medallas, certificados, menciones de honor, posición en el *ranking,* etc.

 **EJEMPLO**

Open Badge es una página web en la que se pueden crear todo tipo de insignias, de forma gratuita, y descargarlas en variedad de formatos de imagen. Puedes acceder a ella desde aquí:

Continúa en página siguiente >>

<< Viene de página anterior

https://redirectoronline.com/ssce180501

Alianza Tierra-Koi es un proyecto gamificado para trabajar los Objetivos de Desarrollo Sostenible, en distintos niveles educativos, y que ha sido desarrollado en *Genially*. Para ello, se vale de una narrativa que transversaliza todo el proyecto y propone pruebas gamificadas al alumnado. El objetivo del proyecto es empoderar al alumnado como agente de cambio, responsable de una ciudadanía defensora del planeta que lucha contra las injusticias sociales y medioambientales. También dispone de su espacio en la red social *X* (anteriormente *Twitter*). Descubre más sobre este proyecto, accediendo desde aquí:

https://redirectoronline.com/ssce180502

 TAREA 8

Eres docente de Secundaria y te decides a gamificar el aula usando una plataforma educativa, como *Classcraft*. Pretendes usar la gamificación para dinamizar tu asignatura, pero también para incidir sobre las conductas de tu grupo, como la puntualidad.

¿Qué estrategias seguirías para gamificar tu aula?

ACTIVIDAD COMPLEMENTARIA

9. Procomún es una red de recursos educativos abiertos (REA) del INTEF, sostenida con los proyectos de la comunidad de docentes que comparte los recursos que diseña, sus ideas y sus experiencias. Los REA están constituidos por documentos, recursos digitales y multimedia de dominio público o licencia abierta, lo que quiere decir que cualquier docente puede reutilizarlos en sus clases.

Para realizar esta actividad, debes seguir los siguientes pasos:

1. Dirígete a Procomún. Para ello puedes acceder desde aquí:

https://redirectoronline.com/ssce180503

2. En el buscador, escribe "gamificación".
3. De entre los resultados de la búsqueda, elige un recurso digital diseñado por otros docentes y que podría serte de utilidad, e investígalo.

A continuación, explica en qué consiste el recurso seleccionado y por qué ha sido elegido.

3. Gamificar una asignatura

 HILO CONDUCTOR

Leo ha aplicado con éxito la gamificación en su aula y pretende ir más allá y gamificar su asignatura. Esto supone un reto, pues se trata de incluir los aspectos lúdicos de los juegos en sus contenidos formativos: requiere una

Continúa en página siguiente >>

<< Viene de página anterior

mayor planificación y un gran esfuerzo por su parte, no solo a la hora de idear el proceso, pues también necesita grandes dosis de imaginación y creatividad.

Acompaña a Leo en la gamificación de sus contenidos formativos: superad la misión de gamificar una asignatura y obtened la insignia por realizar presentaciones gamificadas e imaginativas.

Uno de los grandes problemas que tiene que afrontar el personal docente, de todas las disciplinas y niveles, es la desmotivación. El juego y la vivencia de lo lúdico presentan el poder de transformar la actitud de un alumnado pasivo y convertirlo en agente activo de su aprendizaje.

NOTA

Al transformar una asignatura, o una unidad didáctica, en una actividad gamificada, se debe poner al alumnado en el centro, cederle el protagonismo, convertirlo en el sujeto activo y no en un mero receptor de información. Por su parte, el personal docente debe ceder este espacio y tomar el rol de orientador.

Asimismo, para que una actividad gamificada tenga éxito, el alumnado debe percibir que decide cada una de las acciones que se le proponen, y que las realiza por voluntad propia. Uno de los elementos del juego es la voluntariedad: nadie juega por obligación, porque no se disfruta por obligación, ahí no hay espacio a la diversión. El personal docente debe conseguir que el alumnado juegue con los contenidos que le propone.

El personal docente debe cambiar la forma en la que visualiza el contenido de la asignatura: debe tener clara una lista de 10-20 conceptos esenciales y las preguntas a las que da respuesta la asignatura.

La gamificación de asignaturas es una práctica cada vez más extendida en la universidad.

Para gamificar una asignatura, o una actividad, se debe hacer un diseño por capas, para que el alumnado tenga una serie de experiencias diferentes y, para ello, el personal docente ha de plantearse qué tipo de dinámicas quiere en sus clases.

Veamos las distintas **capas** para gamificar una asignatura:

- ➲ **Capa 1: dinámicas.** Las dinámicas son la base de la gamificación, y se definen como las necesidades que se satisfacen mientras se participa en la actividad.
  Las necesidades se encuentran directamente relacionadas con la mecánica del juego, la interacción con el resto de usuarios/as del juego y la narrativa.
  En el diseño de la actividad gamificada, el personal docente debe plantearse una serie de puntos fundamentales para generar una experiencia positiva y relevante:

  - ❂ Relación con los usuarios/as del juego.
  - ❂ Cooperación: juegan en equipo, se hacen grupos, clanes.
  - ❂ Competición: juegan individualmente.
  - ❂ Mixto: se comparten momentos de colaboración con otros de competición.

  La narración favorece la emoción, que el alumnado viva intensamente la experiencia, que centre su atención en la historia más que en el contenido que se está trabajando.
- ➲ **Capa 2: actividad.** En esta segunda capa se encuentra la actividad: cómo se va a tratar el contenido en el aula.
  Es necesario evaluar las dinámicas de forma constante para conocer si están respondiendo a los contenidos formativos, y reajustarlas cuando sea necesario.

Una estrategia de gamificación, correctamente implementada, tiene el potencial de revolucionar el ambiente educativo. Esta transformación afectará no solamente a la manera en que se introducen y abordan los temas en el aula, sino también a las tareas asignadas y a la propia infraestructura de la valoración académica.

○ **La motivación.** En este nivel hay que analizar qué elementos se pueden emplear para favorecer la motivación intrínseca, que el alumnado se encuentre motivado por la actividad misma y no por recompensas externas. Aquí desempeña un papel fundamental la diversión, pues es el motor que genera la motivación interna y produce una experiencia positiva. Una actividad gamificada, o un juego, que no aporta diversión es un fracaso.

Para favorecer la motivación intrínseca hay que valorar tres aspectos:

◊ El jugador debe tener autonomía, y poder decidir qué acciones quiere o no hacer, y de qué manera. Por este motivo, la actividad debe disponer de muchas opciones para que se puedan seleccionar las más adecuadas.

◊ Cada acción debe tener establecida una finalidad determinada. Si el alumnado no le encuentra sentido a lo que está haciendo, no puede encontrar esa motivación interna.

◊ Se debe mantener un equilibrio entre lo que los jugadores pueden hacer y lo que se espera que hagan, o puede resultar una actividad desmotivadora. Como no todos los alumnos de un grupo tienen el mismo nivel, es recomendable establecer distintos grados de dificultad. De esta forma, cada participante logará alcanzar una sensación de éxito, sean cuales fueren sus habilidades.

○ **La retroalimentación:**

◊ Para que el alumnado no se quede atrás y sepa en cada momento en qué situación se encuentra, es necesaria una retroalimentación continua positiva.

◊ Resulta esencial diseñar la retroalimentación de tal manera que cada participante obtenga constantemente incentivos, que le animen a mantener una postura activa y comprometida, evitando la impresión de que sus metas son inalcanzables.

◊ Es fundamental que los/as participantes reciban una respuesta inmediata sobre su avance. Esta es la única manera de crear un lazo efectivo entre la actividad realizada, la retroalimentación obtenida y la motivación.

⊃ **Capa 3: mecánicas.** Las mecánicas consiguen que la capa 1 y la capa 2 tomen forma y se materialicen.

Disponemos de múltiples mecánicas para logar una experiencia gamificada positiva, siguiendo las siguientes recomendaciones:

- Retos bien definidos: para que el alumnado viva la experiencia como un juego debe saber qué retos deben asumir en cada momento.
- Logros: el sistema gamificado debe saber reconocer automáticamente cuándo un jugador/a ha superado una prueba positivamente, y esto está relacionado con el *feedback* inmediato.
- Recursos: el alumnado debe conocer qué recursos están disponibles para usarlos según su criterio y la posibilidad de seguir diferentes caminos para un mismo objetivo.
- Recompensas: cada reto superado debe permitir el desbloqueo de nuevos niveles o la adquisición de nuevas habilidades, la subida de estatus.
- Lo inesperado: en todo juego debe haber algún punto relacionado con el azar, con lo inesperado, que crea sorpresa y picos de interés.
- Pruebas finales: el juego debe presentar retos y misiones que crecen en dificultad. Por tanto, al final del juego, debe haber un *boss final:* una prueba especialmente difícil, necesaria para terminar el juego. En este reto se ponen a prueba todos los conocimientos y habilidades adquiridos durante el juego.

NOTA

Aunque se empleen mecánicas de juego como recompensas, logros, estatus, etc., es necesario incluir un espacio en el que el alumnado se exprese libremente.

- -

APLICACIÓN PRÁCTICA

Como docente que pretende aplicar un proceso gamificado en el aula, necesitas tener claros los motivos por los que te decides a utilizar los elementos del juego en tus clases. Supongamos que, en una clase de idiomas, gamificas el aprendizaje del vocabulario. Los/las estudiantes participan en una actividad en línea, donde deben completar frases y responder preguntas, empleando el vocabulario adecuado. A medida que avanzan en la actividad, desbloquean niveles más difíciles y

Continúa en página siguiente >>

<< Viene de página anterior

obtienen insignias por su progreso. Además, fomentas la interacción mediante la posibilidad de formar equipos y competir en desafíos de vocabulario.

¿Cuál sería uno de los objetivos principales al gamificar el aprendizaje del vocabulario en una clase de idiomas?

Solución

Gamificar no es solo introducir juegos para dinamizar las actividades, o realizarlas a través de las nuevas tecnologías, sino que consiste en utilizar los elementos del juego para hacer que la experiencia se enriquezca con los aspectos lúdicos, que fomente la motivación, que haga de la experiencia algo significativo, es decir, con sentido, y que consiga, resultando una experiencia positiva que despierta emociones, favorecer un aprendizaje significativo bajo los paradigmas del constructivismo.

 APLICACIÓN PRÁCTICA

Como docente que pretende aplicar un proceso gamificado en el aula, necesitas reconocer el sentido de la retroalimentación. Supongamos que, en una clase de matemáticas, gamificas la resolución de problemas. Para ello, los/las estudiantes forman equipos y compiten para resolver una serie de desafíos matemáticos en un tiempo determinado. Además, se introducen elementos de recompensa, como puntos y medallas, para motivar a los estudiantes a superar los desafíos y mejorar sus habilidades matemáticas.

¿Qué sentido tiene aquí la retroalimentación?

Solución

La retroalimentación no consiste solo en un aspecto más de la diversión. Su finalidad es que el alumnado pueda reflexionar sobre sus errores y buscar nuevas estrategias más adecuadas que les lleven a las soluciones. Para que el alumnado no se quede atrás y sepa en cada momento en qué situación se encuentra, es necesaria una retroalimentación continua positiva. Resulta esencial diseñar la

Continúa en página siguiente >>

<< Viene de página anterior

retroalimentación de tal manera que cada participante obtenga constantemente incentivos, que le animen a mantener una postura activa y comprometida, evitando la impresión de que sus metas son inalcanzables. Además, es fundamental que los/as participantes reciban una respuesta inmediata sobre su avance. Esta es la única manera de crear un *engagement* entre la actividad realizada, la retroalimentación obtenida y la motivación.

En el diseño de la asignatura gamificada, el personal docente debe hacerse una serie de preguntas, cuyas respuestas constituyen el diseño gamificado:

¿Qué necesidad se quiere satisfacer?
Objetivos de aprendizaje

¿Cómo se van a interpretar los resultados?
Sistema de evaluación

¿Cómo se van a satisfacer las necesidades?
Dinámicas

¿A qué juego se parecen las dinámicas y la actividad?
Inspiración en juegos conocidos

¿Cómo va a suceder todo lo planteado?
Mecánicas

¿Qué aspectos artísticos y creativos van a marcar la actividad?
Estética, determinada por la narrativa y los componentes del juego

 ## PARA SABER MÁS

Puedes leer un artículo donde dispones de un buen ejemplo sobre la estrategia que se ha seguido para gamificar una asignatura universitaria de periodismo. Para ello accede desde aquí:

Continúa en página siguiente >>

<< Viene de página anterior

https://redirectoronline.com/ssce180504

 ACTIVIDAD COMPLEMENTARIA

10. Visita el Observatorio de Tecnología Educativa, que ofrece una biblioteca virtual de artículos para docentes y creados por docentes, sobre innovación educativa en el aula. Aquí es posible encontrar información relevante sobre gamificación a través de las nuevas tecnologías. Si lo deseas puedes acceder desde aquí:

https://redirectoronline.com/ssce180505

A continuación, sigue los siguientes pasos:

1. Dirígete al Observatorio de Tecnología Educativa.
2. En el buscador de artículos, escribe "gamificación".
3. Selecciona uno de los artículos y haz un resumen esquemático sobre una herramienta o sobre estrategias para la gamificación.

3.1. Gamificar presentaciones

Un contenido gamificado se diseña con la finalidad de concentrar al alumnado. Para ello, emplea mecánicas del juego, con el objetivo de producir una experiencia lúdica de enseñanza-aprendizaje.

Gracias a la gamificación de las presentaciones, es posible mejorar el aprendizaje a través de contenidos atractivos y activar la participación del alumnado.

En la exposición docente, nos encontramos con algunos **obstáculos,** propios de la sociedad actual:

El alumnado está sobrecargado de información, no solo formativa, sino la que recibe a través de las redes sociales, etc.

Vivimos en la sociedad de la inmediatez y frecuentemente las exposiciones resultan largas o tediosas.

El alumnado, de todas las edades, cada vez tiene menos concentración para hacer tareas, y mucha menos para recibir contenidos y explicaciones de forma oral.

Existe una cultura ampliamente extendida del uso de internet y, ante los nuevos contenidos, se puede pensar que todo está en la red, que se puede buscar en cualquier momento, lo que invita a postergar la escucha activa.

Por esta razón, el contenido de las presentaciones debe ser más práctico que teórico, que invite al alumnado a tomar un rol activo y que quiera aprender, en la presentación, aquello que no está en los libros ni en internet.

NOTA

Es recomendable mostrarle al alumnado el contenido justo y permitirle una mayor autonomía para interiorizar las explicaciones y que saque sus propias conclusiones.

Puesto que vivimos en la sociedad de la información y la comunicación, el alumnado aprecia que las presentaciones sean visuales, que emplee elementos multimedia y gráficos e ilustraciones.

En la exposición de contenidos gamificados, se pueden desarrollar tres **estrategias:**

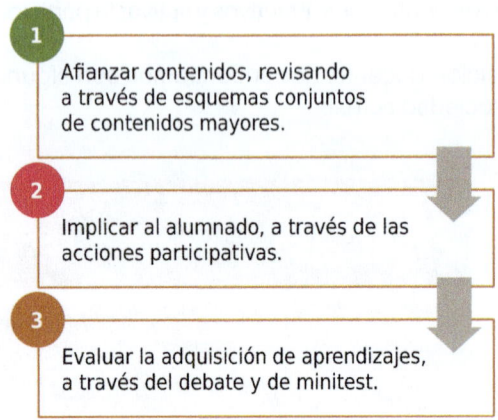

1 Afianzar contenidos, revisando a través de esquemas conjuntos de contenidos mayores.

2 Implicar al alumnado, a través de las acciones participativas.

3 Evaluar la adquisición de aprendizajes, a través del debate y de minitest.

A continuación, se muestran algunas **estrategias** para gamificar las presentaciones:

- **Narrativa.** Usar la narrativa, incluyendo un personaje que acompaña durante toda la presentación y que es utilizado para todos los ejemplos. Puede ser una persona que experimenta lo que se explica o que es quien realiza los ejemplos de la exposición; puede ser un ser inanimado, relacionado con el contenido; puede ser una mascota que ayuda en la exposición. En cualquier caso, aporta un elemento cómico y dinámico.
  Exponer usando una narración compartida. Durante la exposición, se puede dar un breve tiempo al alumnado para que pueda presentar una exposición de conceptos basada en una experiencia personal.
- **Interactividad.** Incluir en la presentación elementos interactivos a través de aplicaciones, como, por ejemplo, las nubes de palabras de *Mentimeter*. Se le pide al alumnado la opinión sobre un concepto, y que piensen palabras y términos relacionados. Desde su móvil, entran en la aplicación con un código, que les suministra su docente, y escriben esas palabras en un listado. En directo, se va generando una nube de *tags* que aparecen proyectados, siendo los más repetidos las palabras de mayor tamaño.
- **Cuestionarios interactivos.** Incluir breves cuestionarios interactivos durante la presentación, a través de aplicaciones como *Quizziz*.

Emplear el método inductivo usando *Kahoot*. En lugar de explicar un concepto y luego preguntar, primero se les pregunta sobre el tema a través de un *Kahoot*. Al revisar las respuestas se explican las soluciones. Así, el alumnado debe esforzarse por vislumbrar la respuesta correcta entre las respuestas disponibles. Además, *Kahoot* incluye insignias y tableros de clasificación, lo cual resulta motivador para la competición y esforzarse en conseguir los mejores resultados.

- **Linealidad.** Usar presentaciones no lineales, lo cual ofrece una experiencia más inmersiva. Esto se puede hacer con aplicaciones como *Prezi*, donde las diapositivas forman parte de un marco en el que está situada toda la exposición.
- **Juegos.** Introducir minijuegos con los conceptos expuestos. Esto se puede hacer a través de aplicaciones como *Trivianet*, que permite que el alumnado juego solo o en equipo y responda a las preguntas que su docente ha incluido previamente en el juego.

Emplear diversidad de recursos, como las pizarras digitales, que proyectan imágenes con las mismas posibilidades que un ordenador, permitiendo la interacción a través del lápiz digital. Así, se pueden incluir en las presentaciones elementos en los que hacer clic o sobre los que pulsar, e invitar al alumnado a que señale puntos en un mapa, que localice partes de un todo, etc.

Confeccionar la presentación a modo de *breakout* o *escape room*, de forma que el alumnado debe resolver problemas o encontrar la solución a acertijos antes de pasar al siguiente contenido, incluyendo, para ello, recursos como una cuenta atrás virtual o una barra de progreso.

Al realizar presentaciones gamificadas, es recomendable seguir las siguientes **indicaciones:**

- **No sobrecargar el contenido de las diapositivas.** No pasar de las 75 palabras y, si puede ser, mostrar el contenido en sentencias directas y escuetas.
- **No sobrecargar visualmente las diapositivas.** No usar más de dos tipos de letras ni más de dos tipos de tamaños, por ejemplo, para diferenciar los títulos del resto del texto. Un tamaño recomendado para proyectar debe ser, como mínimo, 25.
- **Seleccionar los colores.** Emplear una gama de colores y no usar más de 2-3 colores.
- **Diseño homogéneo.** Emplear un diseño homogéneo durante toda la presentación; no cambiar de estilo entre una diapositiva y otra.
- **Transiciones.** Mantener el mismo tipo de transiciones entre diapositivas, que el diseño resulte liviano a la vista.
- **Imágenes.** Incluir no solo imágenes y gráficos, sino elementos divertidos como memes y *gifs*.

◁◯▷ EJEMPLO

Aquí tienes algunas aplicaciones para hacer presentaciones interactivas.

- *Canva*
- *Emaze*
- *Genially*
- *Google Slides*
- *Haiku Deck*
- *PowToon*
- *Prezi*
- *VideoScribe*
- *Visme*
- *ZohoShow*

3.2. *Flipped class room*

Los contenidos gamificados son aplicados frecuentemente en metodologías activas como la *flipped classroom* (aula invertida).

La propuesta del aula invertida implica un enfoque distinto al método tradicional de enseñanza. Representa una innovación revolucionaria al invertir el sistema educativo convencional. En el aula invertida el alumnado se encarga de estudiar y preparar los contenidos fuera del aula, mientras que las clases se centran en actividades más participativas.

Durante las lecciones presenciales, el alumnado realiza las tareas asignadas, participa en debates interactivos y utiliza ese tiempo para analizar ideas o colaborar en trabajos en grupo.

En este enfoque, el personal docente se convierte en un guía o facilitador, actuando como un faro para orientar las tareas. No se trata simplemente de introducir la tecnología en el aula, sino de sustituir ciertas actividades de aprendizaje por otras respaldadas por las tecnologías de la información y la comunicación.

IMPORTANTE

Este modelo pedagógico requiere que el personal docente posea las habilidades necesarias, así como los recursos y medios adecuados para lograr el éxito al "dar la vuelta a la clase".

En el aula invertida, se utilizan recursos diversos provenientes de fuentes como el audio, el vídeo o el texto. El ritmo de trabajo varía y se adapta en cada unidad didáctica y para cada estudiante o grupo de trabajo en particular.

PARA SABER MÁS

The Flipped Clasroom es un recurso imprescindible para docentes, pues ofrece todo tipo de recursos y proyectos que pueden servir de inspiración en la práctica de esta metodología, descubre más sobre este portal web, accediendo desde aquí:

https://redirectoronline.com/ssce180506

TAREA 9

Eres docente de Historia del Arte y utilizas constantemente las presentaciones en tus clases para mostrar al alumnado obras de arte y analizarlas. Te propones gamificar las presentaciones y que todo el desarrollo de las sesiones se realice sobre la exposición de diapositivas.

¿Qué estrategias podrías aplicar en la gamificación de tus presentaciones?

4. Gamificación en cursos *e-learning*

 HILO CONDUCTOR

El reto del personal docente va más allá del aula física: el e-*learning* es una parte más de la enseñanza actual, ya sea a través de la formación *online* o el *blended learning,* en el que se combina la presencialidad y la virtualidad.

Leo pretende gamificar la dimensión virtual de su práctica docente: acompáñala en la aventura de gamificar el espacio digital, haciendo una revisión de las herramientas disponibles para las plataformas más populares: *Moodle* y *Google Classroom.*

El hecho de que un curso sea impartido virtualmente no afecta a sus posibilidades de gamificación, aunque los recursos digitales y las herramientas son distintos.

Vamos a ver dos plataformas empleadas en educación, *Moodle* y *Google Classroom,* junto con las principales herramientas que se pueden utilizar para gamificar la formación *e-learning*.

4.1. Gamificar *Moodle*

Moodle es un ejemplo popular de LMS de código abierto y gratuito. Es ampliamente utilizado en instituciones educativas y organizaciones para crear entornos virtuales de aprendizaje. *Moodle* ofrece diversas herramientas y funcionalidades que facilitan la creación y gestión de cursos en línea.

✎ DEFINICIÓN

LMS *(Learning Management System)*
Es un sistema de gestión del aprendizaje que permite administrar, distribuir y seguir el progreso de los cursos *online*. Proporciona una plataforma virtual donde el personal docente puede crear contenido educativo, comunicarse con el alumnado, evaluar su desempeño y administrar el proceso de enseñanza-aprendizaje.

La gamificación en e-learning es posible, principalmente, gracias al uso de plugins y herramientas.
monticello / Shutterstock.com

Disponemos de varias **herramientas** para gamificar nuestros cursos en *Moodle:*

- **Sistema de insignias.** *Moodle* se puede configurar para que el alumnado reciba insignias cuando haya completado una determinada actividad o grupo de tareas.
  El personal docente diseña la insignia en formato imagen y configura el sistema en **Gestión de insignias.** A continuación, se configura la actividad en la sección **Rastreo de finalización** para que otorgue la insignia al completar la actividad, pudiéndose personalizar los criterios por los que se obtiene la insignia.
- ***Plugins* de gamificación.** *Moodle* permite que se instalen módulos adicionales que incluyen juegos y herramientas para la gamificación.
  Por ejemplo, entre los *plugins* de gamificación en *Moodle* destacan los siguientes:

  - *Level Up:* el alumnado recibe puntos, avanza por niveles y puede formar parte de una tabla de clasificación. También permite desbloquear contenidos según se avanza de nivel.
  - *Game:* módulo con una serie de juegos prediseñados. Los juegos que ofrece son los siguientes:

    - Ahorcado
    - Crucigrama
    - Criptex
    - Juego tipo ¿quién quiere ser millonario?
    - Sudoku
    - Serpientes y escaleras
    - La imagen oculta
    - Libro con preguntas

◊ *Quizventure:* juego de preguntas en el que las posibles respuestas bajan en forma de naves espaciales y hay que disparar a la opción correcta.

◊ *Stash:* repositorio de objetos para gamificar actividades, tales como monedas y armas.

◊ *Block game:* permite añadir herramientas de gamificación a los cursos, tales como puntos, *rankings* de clasificación, insignias de nivel y avatares.

● **Actividades *H5P.* *H5P (HTML5 Package)* es una plataforma de creación de contenido interactivo y educativo basada en tecnología HTML5. Proporciona un conjunto de herramientas y recursos que permite a quienes crean contenido desarrollar y compartir actividades interactivas en línea sin necesidad de conocimientos avanzados de programación.

H5P es ampliamente utilizado en entornos educativos y de *e-learning,* ya que permite crear una variedad de actividades interactivas, como cuestionarios, presentaciones, juegos, vídeos interactivos, infografías, crucigramas y mucho más.

El contenido creado con *H5P* puede ser exportado y compartido en diferentes entornos y plataformas. Esto permite que quienes crean el contenido puedan compartir sus recursos y reutilizarlos en diferentes contextos de enseñanza.

Los juegos y actividades interactivas de *H5P* pueden ser desarrolladas en *Moodle* o en editores externos, pues las actividades pueden integrarse en *Canvas LTI, Brightspace LTI, Blackboard LTI, WordPress* o *Drupal.* Además, también puede editarse de forma externa e insertar un *link* en la plataforma.

● **Simulaciones.** Disponemos de plataformas educativas que ofrecen simulaciones relacionadas con los contenidos del currículo de forma gratuita en formato *H5P.*

Por ejemplo, entre las plataformas educativas que ofrecen simulaciones gratuitas destaca *PHET:* plataforma de la Universidad de Colorado que ofrece miles de simulaciones que se pueden integrar en *H5P.*

 **PARA SABER MÁS**

H5P.org es una comunidad en la que se pueden editar actividades *H5P,* así como contribuir con creaciones propias. El portal web está desarrollado bajo licencia MIT, por lo que se trata de un *software* gratuito, y el contenido se encuentra bajo licencia *Creative Commons Attribution 4.0 International,* es decir, las actividades

Continúa en página siguiente >>

<< Viene de página anterior

ya creadas se pueden reutilizar siempre que se atribuya el contenido a su autor/a. En esta plataforma se pueden diseñar las actividades *H5P* para subirla al banco de actividades de *Moodle*.

Si deseas visitar la web oficial de *Moodle* y aprender cómo gestionar correctamente el contenido *H5P* en la plataforma, puedes hacerlo accediendo desde aquí:

https://redirectoronline.com/yr5lp

4.2. Gamificar *Google Classroom*

Google dispone de una herramienta específica para el ámbito educativo: *Google Classroom*.

Su objetivo es facilitar la administración colaborativa de un salón de clases en línea, funcionando como un sistema para la administración del aprendizaje (LMS).

Google Classroom permite la vinculación de aplicaciones de gamificación.
T. Schneider / Shutterstock.com

Para utilizar todas las funcionalidades de esta plataforma, se requiere vincularla con una cuenta de *Google*. Esto implica que tanto el personal docente como el alumnado necesitan disponer de un correo electrónico de *Gmail*, ya que su cuenta de *Google* servirá como su credencial de acceso.

Gamificar el aprendizaje en *Google Classroom* implica incorporar elementos y principios de diseño de juegos en el entorno educativo para aumentar la participación y motivación de los/las estudiantes.

Uno de los aspectos más interesantes es que permite la vinculación con plataformas y aplicaciones destinadas a la gamificación.

 **EJEMPLO**

Google permite vincular plataformas que se han dado a conocer en el curso, como *Classcraft* y *Duolingo*. Si lo deseas puedes acceder a ellas desde aquí:

Classcraft

https://redirectoronline.com/ssce180507

Duolingo

https://redirectoronline.com/ssce180508

5. Resumen

En esta unidad hemos podido conocer diversas estrategias, fórmulas y recomendaciones para gamificar las distintas dimensiones de la enseñanza:

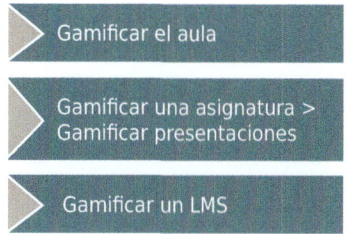

Para gamificar el aula, hay que seguir las siguientes recomendaciones:

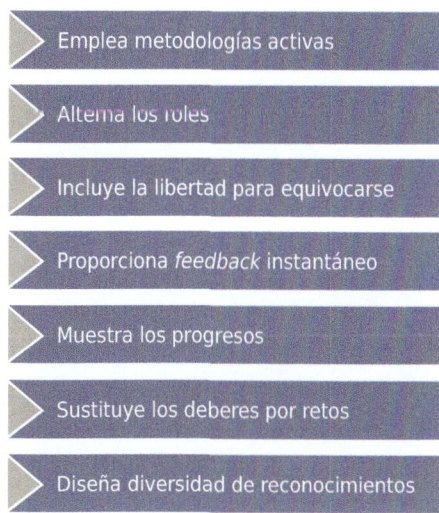

Para gamificar una asignatura debemos hacerlo por capas:

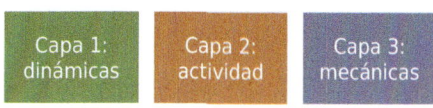

Las principales herramientas y recursos para gamificar los dos LMS más populares son:

Ejercicios de autoevaluación
Unidad de Aprendizaje 5

1. ¿Cómo se puede gamificar el aula?

    a. Otorgando puntos en función del logro de objetivos.
    b. Otorgando puntos en función de la puntualidad.
    c. Confeccionando tableros de clasificación en clase.
    d. Todas las opciones son correctas.

2. Señala una recomendación para aplicar la gamificación en el aula:

    a. Sustituir los deberes por retos.
    b. Aplicar la metodología *flipped-classroom.*
    c. No usar las nuevas tecnologías.
    d. Hacer los deberes en clase y estudiar la teoría fuera del aula.

3. Señala uno de los beneficios de ofrecer *feedback* instantáneo en las actividades gamificadas:

    a. Favorece el estado de *flow.*
    b. El alumnado conoce en cada momento en qué se está equivocando y cómo está progresando.
    c. Las sesiones se hacen más amenas.
    d. Desmotiva el *engagement.*

4. En la selección de mecánicas para las actividades gamificadas, ¿qué característica deben presentar los retos?

    a. No deben ofrecer recompensas.
    b. Deben ser ambiguos e imprecisos para permitir la libertad de equivocarse.
    c. Deben estar bien definidos para que el alumnado sepa qué retos debe superar en cada momento.
    d. Deben ser inesperados.

5. Señala uno de los obstáculos con los que se encuentra el personal docente en la exposición de contenidos:

a. El alumnado se encuentra generalmente muy predispuesto a las explicaciones orales y las presentaciones.
b. El alumnado está sobrecargado de información, no solo formativa, sino la que recibe a través de las redes sociales, etc.
c. El alumnado tiene una gran capacidad de concentración, propia de la sociedad de la información y la comunicación.
d. Todas las opciones son correctas.

6. ¿Qué recursos se pueden incluir en la gamificación de presentaciones para evaluar los conocimientos adquiridos por el alumnado?

a. Test virtuales a través de aplicaciones digitales
b. Cuestionarios con preguntas abiertas en fichas de papel
c. Vídeos
d. Todas las opciones son correctas.

7. Indica si la siguiente oración es verdadera o falsa: "Para utilizar todas las funcionalidades de *Google Classroom* se requiere vincularla con una cuenta de *Google*".

■ Verdadero
■ Falso

8. En la exposición de contenidos gamificados, ¿qué estrategias pueden utilizarse?

a. Afianzar contenidos, revisando a través de esquemas conjuntos de contenidos mayores.
b. Implicar al alumnado, a través de las acciones participativas.
c. Evaluar la adquisición de aprendizajes, a través del debate y de mini tests.
d. Todas las opciones son correctas.

9. Señala una recomendación a seguir para gamificar el aula:

a. No mostrarle los progresos al alumnado.
b. Diseñar diversidad de reconocimiento, ofreciendo variedad de insignias.

    c. No alternar los roles del alumnado

    d. Diseñar un sistema rígido que no permita repetir las actividades.

10. **Indica si la siguiente oración es verdadera o falsa: "Para gamificar el aula es recomendable utilizar metodologías activas, en las que el alumnado sea partícipe del diseño".**

    ■ Verdadero
    ■ Falso

Desarrollo de un plan secuencial para implantar un programa de contenidos utilizando la gamificación

Contenido

Objetivos

El objetivo general de esta Unidad de Aprendizaje es:

→ Seleccionar estrategias para implantar programas de contenidos utilizando la gamificación.

Los objetivos específicos de esta Unidad de Aprendizaje son:

→ Identificar la secuencia para implantar contenidos gamificados.

→ Conocer las fases de acompañamiento durante la relación del alumnado con el juego.

→ Reconocer los distintos perfiles de usuarios de juego en el alumnado.

→ Conocer estrategias de evaluación de actividades gamificadas.

→ Gestionar recursos digitales para aplicarlos en el aula.

1. Introducción

La implantación de programas de gamificación requiere una planificación que mantenga la coherencia de la experiencia, para que exista una progresión creciente y se introduzcan los indicadores que serán utilizados en la evaluación, tanto del alumnado como de la propia experiencia.

En esta unidad conoceremos las fases de esta planificación a través de un plan secuencial, así como la identificación de los perfiles de usuarios/as de juego, el papel que desempeña el personal docente en las distintas etapas del desarrollo del juego y las estrategias para evaluar las distintas dimensiones de la experiencia.

Para ello, acompañaremos a Leo, docente en proceso de ludificación, en la implantación de su programa gamificado y en la gestión de recursos digitales, pues necesita crear un buen repositorio de herramientas que le sean de utilidad en las distintas partes del proceso.

2. Desarrollo de un plan secuencial

👉 HILO CONDUCTOR

Leo necesita organizarse en la implantación de sus programas gamificados. Para ello, va a seguir un plan secuencial que le permita mantener una coherencia transversal a toda la experiencia de aprendizaje y que le garantice que no se deja ningún aspecto atrás.

Acompaña a Leo en esta planificación y podréis estructurar, de forma organizada, cómo implementar vuestro programa gamificado.

Desarrollar un plan secuencial resulta ser un enfoque efectivo para integrar la gamificación en el aula. Como se ha podido comprobar, es necesaria una planificación estructurada y un diseño coherente para conseguir una experiencia positiva y significativa.

El plan secuencial ayuda al personal docente a organizarse, ya que le permite garantizar los siguientes **aspectos:**

⮑ **Lógica y coherencia.** El plan garantiza que los contenidos gamificados se presenten de manera lógica y coherente. El alumnado debe avanzar gradualmente de conceptos más simples a más complejos, lo que les permite adquirir un aprendizaje significativo. Un plan secuencial evita saltos o lagunas en el aprendizaje, asegurando una experiencia educativa estructurada y completa.
⮑ **Progresión y desafío.** El plan permite diseñar actividades y desafíos que aumenten gradualmente en dificultad y complejidad. Esto es esencial para mantener al alumnado comprometido y motivado a medida que avanza en su aprendizaje. Una progresión adecuada también les ofrece la oportunidad de aplicar y practicar los conceptos aprendidos de manera gradual, consolidando su comprensión.
⮑ **Evaluación y seguimiento.** La planificación facilita la evaluación y el seguimiento del progreso de los estudiantes. Al tener un plan estructurado, se pueden establecer hitos y puntos de referencia para evaluar el desempeño de los estudiantes en cada etapa. Esto permite identificar fortalezas y áreas de mejora, y ajustar la enseñanza según sea necesario.

Vamos a conocer las **fases** de un plan secuencial para implantar programas de contenidos gamificados:

⮑ **Fase 1. Establece los objetivos de aprendizaje.** Antes de comenzar a diseñar el sistema gamificado, es necesario que estén claros los objetivos de aprendizaje.
Para ello, define las habilidades o conocimientos que esperas que tu alumnado adquiera en el proceso de gamificación.
Debes establecer los siguientes objetivos pedagógicos:

  ◡ Competencias
  ◡ Contenido
  ◡ Comportamientos

Marca qué tareas o actividades deben ser resueltas satisfactoriamente para dar por conseguido un objetivo de aprendizaje.
⮑ **Fase 2. Conoce a tu alumnado.** Tu alumnado es tu público objetivo: conocer sus motivaciones, sus características, qué les interesa, qué les divierte resulta fundamental para que la gamificación sea exitosa. Puedes realizar encuestas, entrevistas o actividades en las que expresen sus puntos de vista y sus preferencias.

Para ello, sigue las siguientes estrategias:

↻ Averigua qué les gusta, qué productos de ocio y juegos consumen, cómo pasan su tiempo libre.
↻ Identifica los aspectos o motivaciones que necesitas trabajar (diferenciando la motivación intrínseca o extrínseca).
↻ Detecta los tipos de usuarios de juego predominantes en el grupo.
↻ Valora la necesidad de adaptaciones curriculares.

⮑ **Fase 3. Diseña la estructura del programa de gamificación**. La estructura debe ser clara y coherente con tus objetivos pedagógicos.
Es necesario, en este paso, concretar cómo se organizarán las actividades, la forma de medir el progreso y el método para otorgar las recompensas.
En este paso, puedes valerte de los *frameworks* de trabajo para orientar tu diseño o crear el tuyo propio según tus necesidades.
Establece también qué recursos digitales vas a emplear, cómo se inscribirá el alumnado, si es necesario pedir permisos a las familias o si se les van a involucrar en la actividad.

⮑ **Fase 4. Selecciona las mecánicas, dinámicas y estética de juego adecuadas.** Una elección acertada de las mecánicas de juego permitirá a tu alumnado aplicar y practicar los conceptos de aprendizaje.
Para ello, sigue las siguientes estrategias:

↻ Asegúrate de que las mecánicas estén alineadas con los objetivos de aprendizaje.
↻ Conecta las dinámicas con las mecánicas.
↻ Diseña adecuadamente la narrativa, teniendo en cuenta los intereses del alumnado, y asegurándote de que mantiene una coherencia en el desarrollo de toda la actividad.
↻ Diseña un escenario acorde con la narrativa y aplica una estética adecuada a la etapa educativa.
↻ Establece las misiones, los logros que van a determinar la consecución de objetivos pedagógicos.
↻ Establece los puntos e insignias en donde se quieran lograr las competencias deseadas.

⮑ **Fase 5**. **Crea las actividades de gamificación.** Diseña las actividades gamificadas que permitirán al alumnado aplicar y practicar los conceptos de aprendizaje:

↻ Emplea actividades gamificadas, simulaciones, juegos, desafíos o proyectos, de forma coherente a tus objetivos pedagógicos.
↻ Las actividades deben ser desafiantes, pero siempre alcanzables para que el alumnado no se desmotive.

◗ Delimita claramente los comportamientos de los jugadores, qué pueden o no hacer.
◗ Marca las misiones y retos.
◗ Indica la gestión del tiempo.
◗ Explica las acciones que serán individuales y diferéncialas de las grupales.
◗ Clasifica las acciones grupales en colaborativas o competitivas.

Recuerda que hay que conseguir una progresión, crear un camino.

➲ **Fase 6. Establece las reglas y normas del juego.** Cuando tengas una visión general de las dinámicas, mecánicas y componentes, define claramente las normas y reglas, las expectativas de comportamiento, los criterios de evaluación y las sanciones por incumplimiento.

➲ **Fase 7. Implementa y monitorea el programa de gamificación.** Aplica la gamificación en tu aula, explicando claramente la mecánica del juego y las reglas.
Monitorea el progreso de tu alumnado, brinda retroalimentación constante y realiza los ajustes que veas necesarios para mejorar la experiencia.

➲ **Fase 8. Evalúa y reflexiona.** Es recomendable evaluar regularmente el impacto del programa de gamificación en el aprendizaje de tu alumnado. Recopila datos, realiza encuestas y entrevistas, busca las estrategias para conseguir la retroalimentación de tus estudiantes.
Reflexiona sobre los resultados y realiza ajustes en tu programa de forma continua. La gamificación es un proceso iterativo y flexible, no dudes en realizar todas las adaptaciones que mejoren la experiencia.

 ## ACTIVIDAD COMPLEMENTARIA

11. Los proyectos desarrollados por otros/as docentes son una de las principales fuentes de inspiración. Localiza un repositorio de proyectos educativos gamificados y analiza un proyecto. Puedes recurrir a alguno de los que han aparecido en el curso o encontrar otro distinto. A modo de ejemplo, puedes visitar Gamificación Educativa, un portal web sobre gamificación aplicada a la educación, el aprendizaje basado en juegos y las nuevas metodologías educativas. Para ello puedes acceder desde aquí:

Continúa en página siguiente >>

<< Viene de página anterior

https://redirectoronline.com/ssce180601

A continuación, sigue los siguientes pasos:

1. Entra en el repositorio de proyectos educativos gamificados.
2. Selecciona un proyecto que tenga relación con tu disciplina o que pudiera usarse en tu entorno educativo.
3. Analiza las fases en las que se diseñó e implantó el proyecto.
4. Realiza un esquema con dichas fases.

---

3. Identificación del perfil de usuario de juegos

 HILO CONDUCTOR

Leo viene observando la importancia de incluir los gustos e intereses del alumnado en las experiencias gamificadas. Para ello, necesita conocer a su alumnado, y diseñar experiencias que se ajusten a sus motivaciones, sus gustos y los aspectos que más les interesan de los juegos.

Acompaña a Leo en el diagnóstico del grupo respecto al juego, y conoceréis los distintos tipos de usuarios de juego que forman vuestros grupos de alumnos.

Para desarrollar un proyecto gamificado resulta fundamental conocer las características del alumnado, qué les gusta, qué les motiva y qué no les interesa.

Se puede pasar un cuestionario, adaptado según el modelo de Richard Bartle, como el que se muestra en el siguiente modelo:

Cuestionario adaptado según el modelo de Richard Bartle

La competencia es la clave de la diversión.		Interactuar con otros jugadores o personajes es la clave de la diversión.	
Disfruto más en los juegos en los que voy recogiendo y obteniendo cosas (o mi personaje).		Disfruto de los juegos en los que hay anécdotas para contar.	
Disfruto cuando gano, aunque el juego no sea divertido.		Disfruto más con la diversión del juego, aunque no gane.	
Prefiero ser la primera persona en conseguir las metas del nivel en el que estoy.		Prefiero explorar para conocer el escenario, los detalles, encontrar cosas interesantes, conocer la historia.	
Cuando compito, me meto tanto en el juego que a veces peleo con el resto de jugadores.		Cuando hay diferencias de opiniones en el juego no me importa ceder, lo importante es divertirse.	
Si un juego no tiene un claro ganador, no me gusta tanto.		No importa mucho que un juego tenga un claro vencedor.	
Me gusta revisar todo lo que consigo en un juego, y mis avances (o mi personaje).		No me importa mucho lo que haya conseguido en el juego (o mi personaje)	
Me divierto con los juegos que reten mis habilidades cada vez más.		Me encantan los juegos con muchos mundos por explorar	
Me gusta que se me reconozca cuando venzo en los retos.		En los juegos, más que nada me gusta aprender y ver cosas sorprendentes.	
SUMA (A)		SUMA (B)	

Continúa en página siguiente >>

<< Viene de página anterior

Me gustan los juegos con mucho terreno por explorar.		Prefiero los juegos en los que tengo que interactuar con otros jugadores.	
Me divierto con juegos en solitario, como los del móvil.		Me gustan los juegos en equipo.	
Eres un buen jugador cuando estás en lo alto del *ranking*.		Eres un buen jugador cuando los demás te lo reconocen.	
En los juegos no me gusta mucho conversar con el resto de jugadores.		Me gustan mucho los juegos en los que tengo que comunicarme con otros jugadores.	
Me encanta cuando en el juego me premian con cosas especiales.		Me encanta cuando me premian con un estatus superior.	
No me gusta que me ayuden si no puedo superar un reto en un juego.		Me gusta que me ayuden cuando me quedo atrapado en una parte del juego.	
Cuando termino un juego, quiero jugar inmediatamente al siguiente nivel o pasar a otro juego que sea más retador.		Cuando termino un juego, me gusta pasar tiempo comentándolo.	
Me rijo estrictamente por las reglas del juego.		No soy estricto con las reglas del juego, soy una persona permisiva.	
El juego es para pensar en otra cosa mientras pongo a prueba mis habilidades.		El juego es una excusa para pasar tiempo con los amigos.	
SUMA (C)		SUMA (D)	

El alumno marca sus preferencias en cada sección (A)-(B)-(C)-(D). Por cada preferencia marcada se suma un punto, y se expresa al final de cada sección, donde pone "Suma".

El resultado lo plasmamos en el siguiente cuadrante:

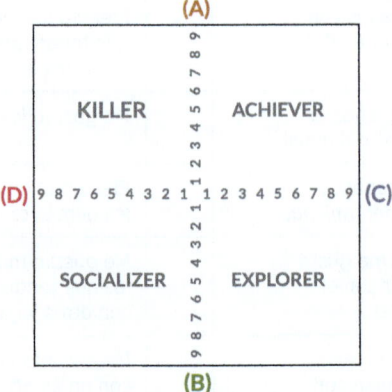

A modo de ejemplo, supongamos una alumna que obtiene en el cuestionario los siguientes resultados:

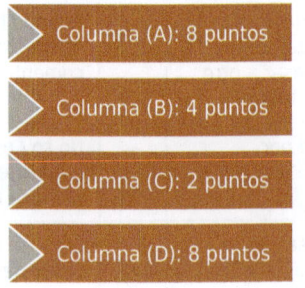

Al representar el resultado gráficamente en el cuadrante, nos daría este resultado:

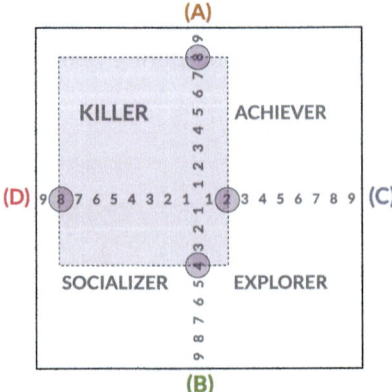

De forma que podemos observar en qué cuadrante se ubica en mayor medida su estilo de jugadora. En este caso, se le podría calificar predominantemente *killer*.

Una vez que conocemos los perfiles mayoritarios de nuestro grupo, podemos aplicar todos los conocimientos sobre los fundamentos del diseño de juegos y conseguir que nuestros juegos y actividades gamificadas resulten atractivas y generen una experiencia de juego positiva.

 EJEMPLO

Lecturas por sonrisas es un proyecto gamificado que se basa en el intercambio de lecturas por cofres solidarios, y que ha sido desarrollado en *Genially*. En este programa, cuando el alumnado lee un libro, recibe una llave para el proyecto. Participan varios centros educativos, y las llaves abren cofres virtuales que representan cofres solidarios reales, con libros y materiales para el aula, que son enviados a asociaciones y centros educativos con necesidades. Los cofres solidarios están sufragados por AMPA, ayuntamientos y empresas. Visita esta este proyecto accediendo desde aquí:

https://redirectoronline.com/uq3j5

 APLICACIÓN PRÁCTICA

Como docente que pretende aplicar un proceso gamificado en el aula, es imprescindible que puedas conocer los gustos y referencias de tu alumnado respecto al tipo de juegos y las mecánicas que les motivan. Identifica el perfil de usuario de juegos de un alumno, según la taxonomía de Bartle. Para ello, aplica los datos de los que dispones y selecciona la respuesta correcta.

Continúa en página siguiente >>

<< Viene de página anterior

Aplicas el cuestionario de usuario de juegos y comienzas a analizar el resultado de cada alumno. El primer cuestionario que analizas arroja el siguiente resultado:

- **Columna (A): 2 puntos.**
- **Columna (B): 7 puntos.**
- **Columna (C): 8 puntos.**
- **Columna (D): 3 puntos.**
- **¿Cuál es su perfil de usuario de juegos?**

Solución

Para averiguarlo, trasladamos los resultados al cuadrante, llegando a la conclusión de que el alumno presenta un perfil de usuario de juegos predominantemente *explorer.*

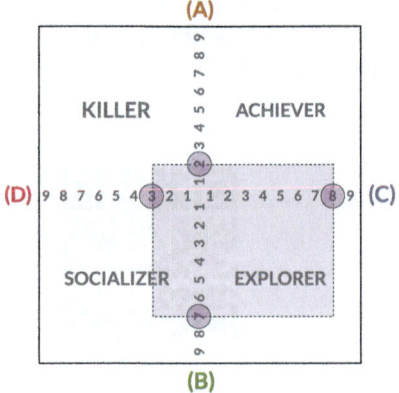

Conocer los perfiles mayoritarios del grupo permite al personal diseñar actividades gamificadas teniendo en cuenta los fundamentos del diseño de juegos, con el objetivo de conseguir experiencias positivas y relevantes.

 TAREA 10

Eres docente de Matemáticas de Secundaria y te propones implementar un programa de gamificación para motivar a tu alumnado, mejorando la participación.

Continúa en página siguiente >>

<< Viene de página anterior

El objetivo de aprendizaje consiste en que el alumnado domine el álgebra que corresponde a su etapa.

Tu actividad gamificada se llama "Master of Math". En concreto, tus objetivos como docente son los siguientes:

- Competencias: mejorar la comprensión de las operaciones de álgebra.
- Contenido: operaciones de álgebra.
- Comportamientos: mejorar la participación en tus clases, combatir la apatía ante las matemáticas.

¿Cómo desarrollarías un programa gamificado?

---

4. Acompañamiento en el camino del jugador

 **HILO CONDUCTOR**

No todas las fases de la relación del jugador/a con el juego son iguales: se reconoce el llamado "camino del jugador", y en cada etapa el rol de cada docente es distinto.

Leo quiere ofrecer la mejor experiencia gamificada a su alumnado, y ofrecerle la orientación adecuada en cada momento: acompáñala a descubrir los roles que desempeñará en las distintas etapas del juego.

En el desarrollo del proceso de gamificación, el personal docente sigue un proceso para conseguir que el alumnado avance en el juego gradualmente, con el objetivo de favorecer la eficacia de la experiencia gamificada y potenciar el *engagement*.

El alumnado sigue una serie de fases progresivas en su relación con el juego, conocido como el "camino del jugador". En cada fase, el personal docente desempeña un papel distinto, guiando al jugador a través de las siguientes **etapas:**

- **Etapa 1. Descubrimiento.** El personal docente presenta el juego, explica las reglas, los componentes, las mecánicas y la narrativa.
- **Etapa 2. Entrenamiento.** Una vez que el personal docente ha explicado los aspectos fundamentales del juego, le presenta al alumnado un problema, un reto que puede resolver fácilmente. De esta forma, comprende el funcionamiento del juego y consigue sus primeros logros, motivándole a continuar.
- **Etapa 3. Andamiaje.** En esta etapa dirige al alumnado mediante recursos como guías y una retroalimentación continua.
  Es imprescindible que haya un equilibrio entre la dificultad del reto y la habilidad del jugador, pues si resulta muy difícil o muy fácil, puede desmotivarse.
- **Etapa 4. Dominio del juego.** En esta fase el alumnado ya conoce el juego y el personal docente se encarga de crear las condiciones para que avance adquiriendo nuevas habilidades y conocimientos de forma gradual.

 EJEMPLO

"Las gemas del infinito están en nuestra clase" es un proyecto gamificado cuya finalidad es fomentar los valores de convivencia, respeto y tolerancia. En la actividad gamificada, cada grupo custodia una gema del infinito durante dos semanas, y debe hacerse digno de ella, protegiendo los valores que la gema represente y manifestándolo en diversas actividades y presentaciones. Si deseas conocer este proyecto accede desde aquí:

https://redirectoronline.com/ssce180607

 **TAREA 11**

Eres docente de Matemáticas y has diseñado la actividad gamificada "Masters of Math", empleando un plan secuencial.

Llega el momento en que el alumnado experimente el juego, por lo que, a partir de ahora, les cedes el protagonismo, pues se han convertido en jugadores.

Explica cómo acompañarías al alumnado en el "camino del jugador".

---

5. Evaluación en gamificación

 HILO CONDUCTOR

Que una experiencia gamificada sea divertida no es constitutivo, por sí mismo, de que haya resultado una actividad eficaz. Para conocer si la experiencia es significativa y relevante, es necesario establecer los parámetros por los que se evaluará, por una parte, la consecución de los objetivos pedagógicos, pero también es necesario conocer cómo ha sido la experiencia de la clase como usuarios del juego.

Acompaña a Leo en la fase final de la experiencia gamificada: la evaluación.

Disponemos de varias dimensiones a evaluar en nuestros juegos o actividades gamificadas, y podemos aplicar varias técnicas evaluativas.

Podemos evaluar al alumnado, pero, también, la efectividad del sistema y su relación con los objetivos pedagógicos.

5.1. Evaluación del aprendizaje

Para evaluar al alumnado, cuando usamos plataformas de gamificación, disponemos de las **analíticas del sistema,** que ofrece medidas objetivas sobre la interacción del alumnado con la aplicación, los puntos que alcanza y si existen cambios de comportamiento. Por ejemplo, si reciben puntos por la puntualidad, podemos observar si ha habido cambios a través de los puntos obtenidos en esta sección de la gamificación.

En el caso de usar aplicaciones para gamificar, como los *quizzes* virtuales, también podemos ver la evolución de resultados. De la misma forma, podemos observar los avances en los juegos educativos que registren los resultados.

Cuando se trata de juegos, la evaluación formativa está directamente relacionada con la retroalimentación continua, ya que es la estrategia para guiar al alumnado en sus avances en el juego. Puesto que los jugadores avanzan en él superando metas, resolviendo problemas, alcanzando logros, en el propio juego ya se encuentran las evidencias necesarias para evaluar el progreso.

En gamificación resulta fundamental que la evaluación sea lo menos intrusiva posible, con el objetivo de mantener la atención del alumnado en el juego, a través de los principios de la "evaluación discreta", es decir, que está integrada en la gamificación y el alumnado no se siente evaluado. El análisis de las acciones del ambiente gamificado, en el que cada acción muestra evidencia del alcance de los objetivos pedagógicos, puede evaluar lo que el alumnado conoce o desconoce en cada punto de la actividad.

 **NOTA**

La evaluación integrada (evaluación discreta) permite que el alumnado no se sienta interrumpido, para que no se desmotive ni pierda el ritmo de la actividad.

En el caso de que la actividad gamificada no ofrezca oportunidades para realizar la evaluación integrada, puede hacerse un pretest y una evaluación posterior, en la cual el alumnado tenga la oportunidad de mostrar evidencia de lo que han aprendido.

La evaluación del aprendizaje debe definir las competencias que se pueden observar o evidenciar en el alumnado. Se pueden aprovechar los elementos presentes en el juego para evidenciar la adquisición de dichas competencias.

Los **elementos** que pueden ser utilizados para conseguir **evidencias** son los siguientes:

● **Retos, misiones, desafíos:**

- ʊ Aplicar conocimientos
- ʊ Realizar tareas

● **Narrativa:**

- ʊ Asociación de conceptos, ideas, hechos

● **Reglas**

- ʊ Valores como el respeto

● **Rutas diferentes**

- ʊ Toma de decisiones
- ʊ Resolución de problemas

● **Equipos, batallas**

- ʊ Trabajo colaborativo
- ʊ Resolución de problemas
- ʊ Toma de decisiones

● **Niveles, puntos de experiencia, barra de progreso**

- ʊ Logro de los objetivos pedagógicos
- ʊ Adquisición de conocimientos

● **Insignias, niveles, puntos, logros**

- ʊ Adquisición de habilidades
- ʊ Aplicación de conocimientos

 **APLICACIÓN PRÁCTICA**

Como docente que pretende aplicar un proceso gamificado en el aula, necesitas identificar claramente los elementos del juego que van a

Continúa en página siguiente >>

<< Viene de página anterior

evidenciar el progreso de aprendizaje del alumnado en su evolución con el juego. Relaciona los elementos del juego con las evidencias que utilizarás en la evaluación discreta.

Elementos del juego	Evidencias
Reglas	Adquisición de habilidades
Equipos, batallas	Asociación de conceptos
Rutas diferentes	Toma de decisiones
Retos, misiones, desafíos.	Valores como el respeto
Niveles	Logro de los objetivos pedagógicos
Narrativa	Trabajo colaborativo
Insignias	Realizar tareas

Solución

La relación correcta de elementos del juego con evidencias de evaluación discreta es la siguiente:

Elementos del juego	Evidencias
Retos, misiones, desafíos	Realizar tareas
Narrativa	Asociación de conceptos
Reglas	Valores como el respeto
Rutas diferentes	Toma de decisiones
Equipos, batallas	Trabajo colaborativo
Insignias	Adquisición de habilidades
Niveles	Logro de los objetivos pedagógicos

Continúa en página siguiente >>

<< Viene de página anterior

La evaluación del aprendizaje debe definir las competencias que se pueden observar o evidenciar en el alumnado. Se pueden aprovechar los elementos presentes en el juego para evidenciar la adquisición de dichas competencias.

5.2. Evaluación de la experiencia de usuario

Es esencial entender el grado de satisfacción del alumnado respecto a su experiencia educativa para adquirir una retroalimentación que contribuya a su optimización. Resulta beneficioso consultarles de manera periódica: no solo al final, sino a lo largo de la experiencia, permitiendo así realizar ajustes o mejoras continuas que favorezcan su motivación y dedicación. La implementación de una encuesta puede ser un método efectivo para lograr esto.

Existen una serie de herramientas, ya prediseñadas, que son empleadas habitualmente para evaluar la experiencia de usuario de juegos en actividades gamificadas, usadas para medir y evaluar las experiencias lúdicas, es decir, hasta qué punto el alumnado encuentra características de juego en las actividades que no son necesariamente juegos en sí mismas.

Una de las herramientas más empleadas es la **escala de evaluación de experiencias gamificadas (GAMEX),** instrumento diseñado para medir y evaluar las experiencias lúdicas. Por su complejidad, no se puede reproducir de forma resumida en este curso; frecuentemente, el personal docente realiza una adaptación a sus objetivos y necesidades.

Los **aspectos** por los que se le puede preguntar al alumnado son los siguientes:

Evaluación de la experiencia de usuario
- Ambientación/interfaz.
- Interés que les ha despertado la narrativa.
- Recursos utilizados en la actividad.
- Presentación del contenido y los elementos estéticos.
- Claridad en la definición de las reglas, los retos y las misiones.
- Dificultad/facilidad encontrada en el progreso del juego.
- Opinión sobre las opciones de personalización, los avatares.
- Premios logrados, insignias.

PARA SABER MÁS

Puedes leer una traducción y adaptación de la escala de evaluación de experiencias gamificadas (GAMEX), que puede servirte de referencia para evaluar tus actividades gamificadas, accediendo desde aquí:

https://redirectoronline.com/ssce180603

6. Gestión de recursos digitales

HILO CONDUCTOR

En esta formación, Leo ha podido conocer una gran cantidad de recursos y herramientas que le servirán de apoyo en sus experiencias gamificadas. Un buen repositorio es imprescindible, pues los elementos digitales le van a acompañar en todo su proceso de gamificación.

Acompaña a Leo en el descubrimiento de *Symbaloo*, una plataforma digital que le ayudará a crear repositorios de recursos y compartirlos con otros docentes.

Symbaloo es una herramienta digital, gratuita, basada en la nube, que facilita a sus usuarios/as la organización y categorización de enlaces web, mediante botones de opción interactivos.

En la plataforma, se encuentran los denominados *webmixes,* los cuales permiten compilar enlaces a páginas web, recursos educativos, vídeos, entre otros recursos, en un espacio unificado, a través de los llamados "bloques". Al permitir la creación de múltiples *webmixes,* ofrece la posibilidad de establecer un repositorio de recursos, estructurado y accesible, mediante una cuenta de *Symbaloo*.

Puede funcionar como un navegador y ser configurada como página de inicio, posibilitando la creación de un escritorio virtual accesible desde cualquier dispositivo con conexión a internet.

Escritorio de Symbaloo Fuente: https://commons.wikimedia.org/wiki/ File:Escritorio_Virtual-Wikimedia_Commons.jpg

 PARA SABER MÁS

Si deseas descubrir más sobre *Symbaloo* puedes hacerlo accediendo desde aquí:

https://redirectoronline.com/ssce180604

Con *Symbaloo,* es posible gestionar, organizar y compartir recursos educativos en un entorno en línea personalizable. La plataforma está diseñada para proporcionar las herramientas necesarias para optimizar la labor docente y mejorar la experiencia didáctica a través de la tecnología y herramientas interactivas.

La plataforma ofrece un espacio específico para el personal docente, *SymbalooEdu,* con la opción de crear **rutas de aprendizaje** al estilo de un juego, itinerarios de aprendizaje digital y personalizado, donde el alumnado puede seguir los contenidos de una lección, adaptados a su nivel de comprensión.

Estas rutas de aprendizaje permiten trazar un recorrido formativo utilizando los **bloques** para presentar contenidos en distintos formatos y plantear preguntas de selección múltiple. Se puede verificar la comprensión de los contenidos por parte de cada estudiante mediante preguntas incorporadas; si la respuesta es acertada, se continúa con el itinerario, y si es incorrecta, se puede redirigir a otro camino para ofrecer explicaciones adicionales del contenido.

 **VÍDEO**

Visualiza un videotutorial, desarrollado por un docente, y conoce todos los recursos educativos de la herramienta *Symbaloo.* Para ello accede desde aquí:

https://redirectoronline.com/ssce180606

ACTIVIDAD COMPLEMENTARIA

12. A lo largo del curso has podido comprobar lo importante que resulta disponer de diversidad de recursos digitales. Abre una cuenta en *Symbaloo,* que es gratuita, y experimenta con ella.

    Esta plataforma te permite hacer un repositorio de recursos y herramientas. Se trata de hacer tu propio *webmix,* recopilando todos los recursos digitales que han ido apareciendo en el curso. Puedes añadir más recursos que consideres de interés.

    A continuación, sigue los siguientes pasos:

    1. Entra en *Symbalooo* con una cuenta personal, que puede ser la de *Facebook, Google, Clever, Class Link, Microsoft o Yahoo!.* También puedes crear una cuenta con otros correos electrónicos.
    2. Crea un nuevo *webmix.*
    3. Añade los recursos que se han tratado en el curso.
    4. Investiga si hay *webmixes* públicos sobre gamificación de otros/as docentes.
    5. Comparte tu *webmix* con amigos o familiares; dispones de diversas opciones para ello.

    Finalmente, reflexiona sobre la herramienta:

    · ¿Qué usos podrías darle en vuestra labor docente?
    · ¿Qué nuevos recursos has añadido, que no se hayan tratado en el curso?
    · ¿Qué utilidad tiene el poder compartir los *webmixes?*
    · ¿Has encontrado *webmixes* de otros/as docentes?

7. Resumen

A lo largo de esta unidad hemos podido conocer los distintos aspectos que forman la implementación de los programas de gamificación.

Para comenzar, se ha visto que es necesario un **plan secuencial** para organizar todo el proceso:

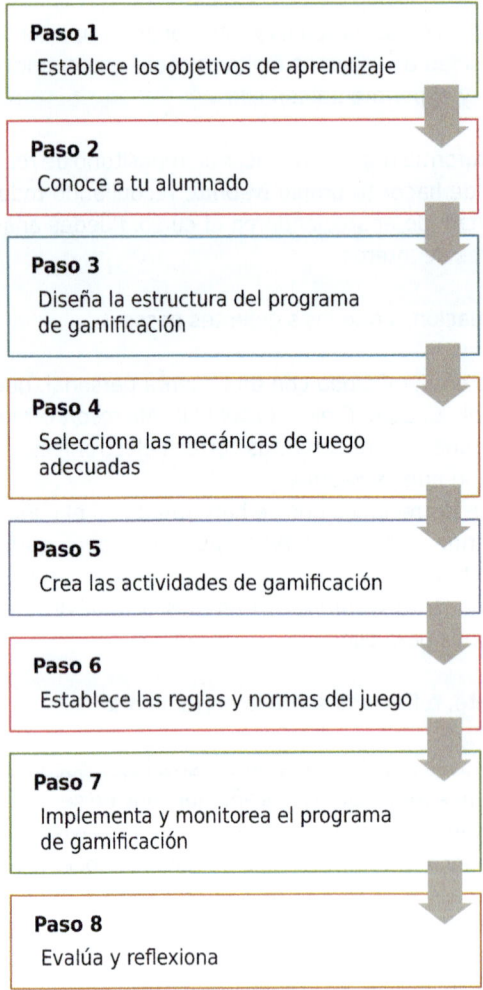

Paso 1
Establece los objetivos de aprendizaje

Paso 2
Conoce a tu alumnado

Paso 3
Diseña la estructura del programa de gamificación

Paso 4
Selecciona las mecánicas de juego adecuadas

Paso 5
Crea las actividades de gamificación

Paso 6
Establece las reglas y normas del juego

Paso 7
Implementa y monitorea el programa de gamificación

Paso 8
Evalúa y reflexiona

Una parte fundamental de la gamificación efectiva toma, como punto de partida, un diagnóstico del alumnado, en el que se le clasifica según los perfiles de usuarios/as de juego, por lo que se ha podido conocer un modelo de cuestionario para clasificar a los alumnos/as según la taxonomía de Bartle.

Asimismo, se han mostrado las distintas etapas del "camino del jugador/a" y el papel que desempeña el personal docente en cada fase:

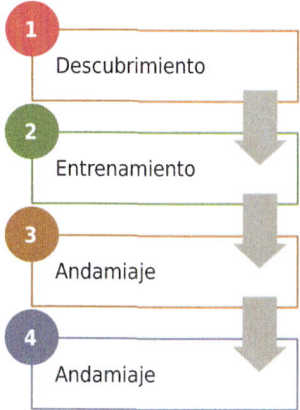

La evaluación es la última etapa, por lo que, para finalizar, se han conocido los recursos para evaluar tanto la adquisición de aprendizajes por parte del alumnado como su experiencia en el juego:

Evaluación de la experiencia de usuario
- Ambientación/interfaz.
- Interés que les ha despertado la narrativa.
- Recursos utilizados en la actividad.
- Presentación del contenido y los elementos estéticos.
- Claridad en la definición de las reglas, los retos y las misiones.
- Dificultad/facilidad encontrada en el progreso del juego.
- Opinión sobre las opciones de personalización, los avatares.
- Premios logrados, insignias.

Ejercicios de autoevaluación
Unidad de Aprendizaje 6

1. **Señala un beneficio del diseño del plan secuencial en relación a la evaluación de la experiencia gamificada:**

   a. Garantiza que los contenidos gamificados se presenten de manera lógica y coherente.
   b. Favorece el *engagement*.
   c. Potencia el estado de *flow*.
   d. Permite establecer hitos y puntos de referencia para evaluar el desempeño del alumnado en cada etapa.

2. **En el diseño de un plan secuencial, ¿qué objetivos pedagógicos deben establecerse?**

   a. Competencias
   b. Contenidos
   c. Comportamientos
   d. Todas las opciones son correctas.

3. **¿Qué aspectos de la experiencia de usuario de juegos pueden ser evaluados por el personal docente?**

   a. El interés que ha despertado la narrativa.
   b. La claridad en las misiones.
   c. La opinión sobre los avatares y la personalización del juego.
   d. Todas las opciones son correctas.

4. **En el "camino del jugador", ¿en qué consiste la fase de entrenamiento?**

   a. Se le presenta al alumnado un reto que pueda resolver fácilmente para que comprenda el funcionamiento del juego.
   b. Se afianza el conocimiento del juego.
   c. Se presentan las reglas del juego y el argumento.
   d. Se evalúa el desempeño del alumnado en el juego.

5. En el "camino del jugador", ¿qué papel desempeña el personal docente durante la etapa de dominio del juego?

    a. Presenta los componentes del juego.

    b. Explica las mecánicas del juego.

    c. Invita al alumnado a participar en el diseño del juego de forma colaborativa.

    d. Crea las condiciones para que avance adquiriendo nuevas habilidades y conocimientos de forma gradual.

6. En el "camino del jugador", ¿qué papel desempeña el personal docente durante la etapa de descubrimiento?

    a. Se encarga de crear las condiciones para que avance adquiriendo nuevas habilidades.

    b. Presenta el juego, explica las reglas, los componentes, las mecánicas y la narrativa.

    c. Presenta al alumnado un problema sencillo para que consiga su primer logro.

    d. Dirige al alumnado mediante recursos como guías y una retroalimentación continua.

7. Indica si la siguiente oración es verdadera o falsa: "Cuando se trata de juegos, la evaluación formativa está directamente relacionada con la retroalimentación continua, ya que es la estrategia para guiar al alumnado en sus avances en el juego".

    ■ Verdadero

    ■ Falso

8. En gamificación, ¿por qué se utiliza la evaluación discreta?

    a. Examina al alumnado sobre la adquisición de contenidos a través de exámenes.

    b. Permite que no se interrumpa el proceso de aprendizaje del alumnado, para que no se desmotive ni pierda el ritmo de la actividad.

    c. Permite que el alumnado evalúe a sus compañeros.

    d. Para conocer el grado de satisfacción los alumnos en su experiencia como jugadores.

9. ¿Qué elemento del juego puede evidenciar el trabajo colaborativo?

    a. **La creación de equipos**
    b. La narrativa
    c. Las barras de progreso
    d. Los niveles

10. Indica si la siguiente oración es verdadera o falsa: "En gamificación resulta fundamental que la evaluación sea lo menos intrusiva posible".

    ■ Verdadero
    ■ Falso

Glosario

Advergaming
Estrategia de publicidad que utiliza los videojuegos como medio para promocionar productos, servicios y marcas.

Alcance
Número de personas diferentes a las que llegan las publicaciones en redes sociales.

Aprendizaje basado en juegos (ABJ)
Estrategia que utiliza juegos y actividades lúdicas con propósitos pedagógicos, para favorecer la comprensión y la retención del contenido del aprendizaje.

Breakout educativo
Actividad de aprendizaje basado en juegos en la que el alumnado debe superar una serie de retos o misiones, como abrir una sucesión de candados o una caja cerrada.

Engagement
Grado de atención, curiosidad, interés, optimismo y pasión que los/as estudiantes muestran cuando están aprendiendo o se les enseña.

Escape room educativo
Forma de gamificación, o simulación, que se utiliza en el proceso de enseñanza, en la cual el alumnado participa en una experiencia contextualizada en una historia o narrativa.

Flow
Estado mental de plena inmersión en una actividad, que se experimenta de forma gratificante y significativa.

Framework

En gamificación, y en experiencias educativas basadas en juegos, se refiere a un conjunto de guías o principios a incorporar en el diseño de los elementos del juego.

Gamificación en el aula

Estrategia pedagógica que consiste en el uso de los elementos y las dinámicas de los juegos en un contexto de aprendizaje para motivar al alumnado, fomentar su compromiso y mejorar la retención del conocimiento.

Insignia *(badget)*

Representación gráfica, a través de un icono o una medalla, que reconoce un logro conseguido.

Juegos serios *(serious games)*

Juegos completos, pero que tienen un propósito más allá del entretenimiento.

LMS *(Learning Management System)*

Sistema de gestión del aprendizaje que permite administrar, distribuir y seguir el progreso de los cursos *online*. Proporciona una plataforma virtual donde el personal docente puede crear contenido educativo, comunicarse con el alumnado, evaluar su desempeño y administrar el proceso de enseñanza-aprendizaje.

Pensamiento de juego *(game thinking)*

Ciencia que permite introducir a usuarios en un sistema, a través de juegos, con la finalidad de crear experiencias positivas.

Recencia

Periodo de tiempo desde la última acción de un usuario en el juego.

Simuladores

Representaciones, físicas o digitales, de la vida real. Incluyen los mundos virtuales 3D o metaversos, laboratorios virtuales, etc.

Tablero de clasificación *(leaderboard)*

Representación gráfica del estatus de los jugadores en un juego.

Viralidad

Actuaciones en el sistema de usuario a usuario, intensidad con la que se propaga el sistema.

Bibliografía

Monografías

→ MARCZEWSKI, A.: *Gamification: A Simple Introduction,* s. l.: Andrzej Marc-zewski, 2013.

> Lectura recomendada para aquellas personas que quieren conocer los aspectos fundamentales de la gamificación aplicada a la enseñanza de la mano de Marczewski, uno de los autores más notables en la materia.

→ WERBACH, K., y HUNTER, D.: *Gamificación*. Madrid: Pearson, 2013.

> Lectura imprescindible para conocer los principios fundamentales de la gamificación aplicada a contextos no lúdicos, como centros educativos y organizaciones empresariales.

Textos electrónicos, bases de datos y programas informáticos

→ 30 herramientas de gamificación para clase que engancharán a tus alumnos, blog Educación 3.0, de: https://www.educaciontrespuntocero.com/recursos/herramientas-gamificacion-educacion

> Artículo en el que se citan 30 herramientas digitales para gamificar el aula y desarrollar experiencias de aprendizaje basado en juegos.

→ Blog de Andrzej Marczewski, de: https://www.gamified.uk/

> Blog enfocado a la gamificación en el aula y el aprendizaje basado en juegos, desarrollado por el conocido como "padre de la gamificación" Andrzej Marczewski.

→ La gamificación, algo más que juegos, Ebook, vol. I, 2017, de: https://vanadis.es/formulario-gamificacion-ebook1/

> Breve *e-book* en el que se abordan las aplicaciones de la gamificación en espacios empresariales y organizacionales.

→ La narración del videojuego como lugar para el aprendizaje inmersivo, de:
https://dialnet.unirioja.es/servlet/articulo?codigo=5062388

> Artículo en el que se analizan las características y los beneficios de los video-juegos aplicados a la educación.

→ Observatorio de Tecnología Educativa, de:
https://intef.es/recursos-educativos/observatorio-de-tecnologia-educativa/

> Biblioteca virtual de artículos, creados por docentes para docentes, referidos a la innovación digital en el aula, en el que se pueden encontrar recursos interesantes para aplicar la gamificación en el aula, gamificar contenidos y desarrollar experiencias de aprendizaje basado en jugos.

→ ¿Qué es la gamificación? 10 formas para llevar esta técnica a tu clase, de:
https://conecta.tec.mx/es/noticias/nacional/educacion/que-es-gamificacion

> Artículo del Tecnológico de Monterrey en el que explican diversas estrategias para aplicar la gamificación en educación.